이상수의

청소년 에너지 세계사 특강

이상수의
청소년 에너지 세계사 특강

제1판 제1쇄 발행일 2022년 10월 24일
글 _ 이상수
기획 _ 책도둑(박정훈, 박정식, 김민호)
디자인 _ 채홍디자인
펴낸이 _ 김은지
펴낸곳 _ 철수와영희
등록번호 _ 제319-2005-42호
주소 _ 서울시 마포구 월드컵로 65, 302호(망원동, 양경회관)
전화 _ 02) 332-0815
팩스 _ 02) 6003-1958
전자우편 _ chulsu815@hanmail.net

ISBN 979-11-88215-78-2 43900

철수와영희 출판사는 '어린이' 철수와 영희, '어른' 철수와 영희에게
도움 되는 책을 펴내기 위해 노력합니다.

이상수의

청소년 에너지 세계사 특강

철수와영희

머리말

미래 세대를 위해 어떤 에너지를 대안으로 삼아야 할까요?

1700년대 중반, 영국에서 일어난 최초의 산업혁명은 공장이 아니라 탄광에서 시작되었어요. 갱도에 고인 지하수 때문에 침수 사고가 잇따르자 물을 퍼 올리기 위해 탄광에 증기기관을 설치했어요. 1705년 토머스 뉴커먼이 발명하고 제임스 와트가 개량해 1769년 특허를 낸 이 증기기관은 산업혁명의 심장이자 엔진이 되었어요. 석탄은 증기기관에 에너지를 공급했어요. 석탄이 영국의 공업지대에서 쉽게 구할 수 있는 광물이 아니었다면 세계 최초의 산업혁명은 이곳에서 일어나지 않았을 거예요.

에너지의 역사는 곧 세계의 역사예요. 에너지는 문명의 토대를 이루고, 세계사의 분기점마다 새로운 방향을 제시했어요. 석탄과 석유는 그 좋은 예에요.

1911년 영국의 윈스턴 처칠은 해군 장관에 오르자 함대의 연료 시스템을 석탄에서 석유로 바꾸라는 급진적인 명령을 내렸어요. 몇 년 전, 해군 사령관이 이 같은 주장을 했을 때 석유 보급의 어려움을 들어 반대했던 그였어요. 하지만 처칠은 제1차 세계 대전이 임박하자 전쟁 물자로서 석유를 다시 판단했어요. 연료 시스템을 석유로 교체한 뒤 기동성과 작전 수행 능력이 향상된 영국 함대는 제1차 세계 대전을 연합국의 승리로 이끌었어요.

'구슬이 서 말이라도 꿰어야 보배'라고 했어요. 석유가 지표면을 뚫고 펑펑 올라와도 가공해서 사용할 줄 모르면 무용지물이에요. 세상에 석유는 넘쳐났지만, 용도를 아는 사람은 적었어요.

사실, 자연 상태의 석유는 거의 쓸모가 없어요. 지난 수백 년 동안 석유는 불순물 취급을 받았어요. 대개는 버려지고 일부는 정제해 램프를 밝히는 기름(등유)으로 썼어요. 재밌게도, 인류 역사상 최고의 부자로 알려진 존 록펠러는 석유를 대량으로 정제해 등유를 만드는 이른바 석유 정제 산업을 일으켜 거대한 부를 축적했어요.

화석 연료는 현대 사회의 핵심 에너지원이에요. 그런데 여기에는 문제가 있어요. 화석 연료를 태우면 이산화탄소가 튀어 나와요. 이산화탄소는 대표적인 온실가스예요. 온실가스는 공기로 만든 담요와 같아서 온실 효과를 일으키고 지구의 평균 기온을 올려요. 기온이 상승하면 폭염과 혹한 등 재해가 늘고 피해도 커져요. 극단적인 가뭄과 홍수가 잦아지면 식량 파동으로 정치가 불안정해져 인류 문명에 위기가 올 수 있어요. 현재의 지구 온난화는 기후 변화를 넘어 기후 위기가 되었어요.

기후 위기를 뛰어넘으려면 화석 연료에서 벗어나야 해요. 화석 연료 대신 온실가스를 덜 배출하는 에너지를 사용해야 해요. 태양광 발전과 풍력 발전은 대표적인 재생 에너지예요. 이러한 재생 에너지는 에너지의 원천이 되는 햇빛과 바람 자원이 무궁무진하고 온실가스를 거의 배출하지 않기 때문에 기후 위기 시대에 적합한 에너지예요.

온실가스를 덜 배출하면서 에너지를 생산하는 방법에는 핵 발전도 있어요. 하지만 핵 발전소는 국가 재난급 사고에 늘 노출되어 있어요. 1986년 러시아 체르노빌 핵 발전소 폭발 사고, 2011년 일본 후쿠시마 핵 발전소 폭발 사고가 그 증거예요. 또 영구적인 방사능 오염을 남기는 것도 핵 발전소의 큰 고민거리예요.

훗날, 미래 세대는 우리를 어떻게 기억할까요? 온실가스와 함께 회복할 수 없는 방사능 오염을 물려준 세대로 기억할까요? 아니면 기후 위기를 슬기롭게 극복하고 아름다운 대자연을 되돌려 준 세대로 기억할까요?

이 책에는 비키니 수영복의 유래와 일본이 석유 때문에 미국 태평양 함대가 주둔하고 있던 진주만을 폭격한 사실, 유럽과 달리 아시아 지역에 풍차가 없는 이유, 로마군을 물리친 아르키메데스의 거울, 순록을 잡아먹는 북극곰의 사연에 이르기까지 에너지에 얽힌 다양한 에피소드가 실려 있어요.

우리 자신과 미래 세대를 위해 어떤 에너지를 대안으로 삼을지, 기후 위기를 어떻게 헤쳐 나갈지, 에너지 세계사를 읽고 생각하다 보면, 어느새 그 물음의 답에 도달할 거예요. 그럼, 에너지 세계사 속으로 함께 여행을 떠나 볼까요?

2022년 10월

이상수 드림

차례

3장. 역사적 소명을 다한 에너지, 석탄

4장. 바람이 준 선물, 풍력 발전

5장. 모으면 모을수록 힘이 커지는, 태양 에너지

6장. 에너지와 생명의 생존

7장. 미래 세대에게 빌린 에너지

1장
공존할 수 없는 위험한 에너지,
핵

아름다운 비키니섬과 **핵폭탄**

1946년 7월 1일 오전 9시, 태평양의 산호섬 비키니에 거대한 버섯구름이 피어올랐어요. 비키니는 태평양 마셜 제도의 동쪽 끝에 있는 환초예요. 환초란 둥근 반지 모양으로 산호섬이 이어진 지형을 말해요. 비키니는 마셜 제도의 여러 환초 중에서도 경치가 제일 빼어난 곳이었는데 여기에 핵폭탄이 떨어진 거예요. B-29 폭격기가 투하한 핵탄두는 비키니 상공에서 수백만 개의 폭죽을 터뜨린 듯 강렬한 빛을 내뿜었어요. 이어 핵폭풍이 무시무시한 굉음과 함께 섬 주변을 휩쓸고 지나갔어요.

작전명 크로스로드Cross Road로 알려진 이날의 핵폭탄 실험은 공개적으로 진행되었어요. 제2차 세계 대전은 일본의 패망으로 일 년 전에 끝났지만, 미국은 세계 최초의 핵무기 보유국으로서 전쟁 수행 능력을 과시하기 위해 각국의 외교관과 국회의원, 기자 들이 보는 앞에서 공식적으로 핵폭탄 실험을 강행했어요. 이들은 멀찌감치 떨어진 다른 섬에서 폭발 광경을 지켜보았는데 핵폭탄의 가공할 위력에 모두가 경악했어요.

나흘 뒤인 7월 5일, 프랑스 파리에서 열린 수영복 패션쇼에서 디자이너 루이 레아르가 비키니를 선보였어요. 두 달 전 경쟁 관계에 있는 디자이너인 자크 에임이 세상에서 가장 작은 수영복이라며 아톰Atom, 원자을 선보였기 때문에 레아르는 아톰보다 더 작은 수영복을 만들고 싶었어요. 마침내 초미니 수영복을 제작한 레아르는 자신의 작품에 어울릴 만한 획기적인 이름이 필요했어요. 그즈음 파리의 신문들은 온통 비키니에서의 핵폭탄 실험 이야기로 도배하다시피 했어요. 비키니보다 더 근사한 단어는 없어 보였어요. 레아르는 비키니에서 벌어진 핵폭탄 실험만큼이나 충격적이고 파괴적인 패션이라는 의미로 수영복 이름을 비키니로 정했어요.

그가 디자인한 비키니는 삼각형 모양의 천 조각 네 장으로 최소한의 신체 부위만 가렸어요. 패션쇼에 참석한 1만여 명의 관객은 비키니를 보고 충격과 흥분을 감출 수 없었어요. 요즘이야 비키니 수영복은 여름철 해변이나 수영장의 흔한 패션 아이템 중 하나지만 당시는 그렇지 않았어요. 남성 수영복도 무릎까지 내려오게 해서 신체 노출을 최대한 피하던 시절이었어요. 그런데 비키니는 여성의 배꼽은 물론이고 가슴과 엉덩이까지 훤히 들여다보였어요.

파격적인 패션에 사람들은 당황했고 로마 교황청은 부도덕한 의상이라고 비난했어요. 프랑스와 독일은 한동안 해변이나 공공 수영장에서 비키니 착용을 금지하기도 했어요. 패션쇼 모델들조차 비키니 착용을 거부해 레아르는 누드모델을 찾아가 부탁해야 했어요.

작열하는 태양과 상큼한 해변을 상징하는 수영복 비키니가 원래는 남태평양의 아름다운 환초 이름이고, 여기서 핵폭탄 실험이 일어났다는 사실은 파리의 패션쇼를 통해 세상에 널리 알려졌어요.

안타깝게도, 비키니에서 감행된 핵폭탄 실험은 그게 마지막이 아니었어요. 3주 뒤인 7월 25일, 두 번째 핵폭탄이 터졌어요. 비키니의 얕은 물속에서 핵탄두가 터진 순간 바다와 하늘을 잇는 거대한 물기둥이 치솟고 2만 톤의 물과 흙이 순식간에 사라져 대규모의 구덩이를 남겼어요. 이때 생긴 버섯구름은 1800여 미터까지 올라가 한라산높이 1950미터 턱밑에 이를 정도였어요.

▶ 1946년 7월 25일 핵폭탄 실험 당시 비키니에 발생한 버섯구름.

두 번째 핵폭탄 실험은 퇴역 전함 수십 척에 쥐와 돼지, 염소 등 실험동물을 승선시킨 상태에서 이루어졌어요. 핵폭탄이 전함과 승조원에 입히는 피해 정도를 확인하려는 거였죠.

폭발 직후 일부 전함이 침몰했고 수백 마리의 실험동물이 방사능에 피폭방사선에 노출되는 것되어 죽었어요. 폭발 중심부에서는 치명적인 방사선이 뿜어져 나와 사람이 접근할 수 없었고 함선들도 방사능에 오염되었지만, 미군 지휘부는 제염 작업방사성 물질을 씻어 내는 일을 지시했어요. 1000여 명이 넘는 해군 장병은 아무런 보호 장비 없이 전함에 올라 갑판에 물을 뿌리고 걸레질을 했어요. 병사들은 방사능의 위험성을 전혀 알지 못한 채 임무를 수행했어요. 며칠 뒤 군 내부에서 방사능 오염에 대한 우려의 목소리가 증폭되면서 제염 작업은 중단되었고 예정돼 있던 세 번째 핵폭탄 실험이 전격 취소되었어요.

하지만 핵폭탄 실험 자체가 멈춰진 것은 아니었어요. 미국은 1958년까지 비키니에서 23차례를 진행했고, 여기에서 서쪽으로 수백 킬로미터 떨어진 에니웨톡 환초 지대에서도 44차례의 실험을 실시해 총 67차례의 핵폭탄 실험을 했어요. 1952년부터는 수소폭탄도 실험했어요.

수소 폭탄과
괴수 '고질라'의 탄생

수소 폭탄은 핵폭탄보다 훨씬 강력한 폭탄이에요. 핵폭탄이 원자의 핵이 깨지면서핵분열 나오는 에너지를 이용한 반면, 수소 폭탄은 핵이 합쳐지면서핵융합 생기는 에너지를 이용해요. 핵폭탄은 핵분열을 이용한 폭탄이고, 수소 폭탄은 핵융합을 이용한 폭탄이에요. 그런데 핵융합은 아주 어려운 기술이에요. 특히 수소 폭탄 안에서 핵융합이 일어나려면 태양의 중심 온도보다 높은 6000만 도의 고온이 필요해요. 인간의 기술로 이 정도의 초고온을 만들어 낼 수 있는 거의 유일한 방법은 핵폭탄이에요. 그래서 대부분의 수소 폭탄 안에는 기폭제폭발 유도 장치로 쓰이는 핵폭탄이 들어 있어요. 핵폭탄이 터지면서 나오는 열에너지로 수소의 핵융합 반응을 유도하는 거예요.

최초의 수소 폭탄은 1952년 11월 1일 에니웨톡 환초에서 터졌어요. 1954년 3월 1일에는 암호명 캐슬 브라보Castle Bravo라는 수소 폭탄 실험이 비키니에서 실시되었어요. 버섯구름은 하늘 높이 올라가 '죽음의 재'라고 불리는 방사능 물질을 전 세계로 퍼뜨렸어요.

이날 아침에 핵 실험 위험 지역을 벗어난 곳에서 참치잡이를 하던 일본 어선 제5 후쿠류마루 호에 방사능 낙진하늘에서 떨어지는 방사성 물질이 흩뿌려졌어요. 선원들은 수평선 너머에서 섬광이 번뜩이고 땅이 솟구치는 듯한 굉음이 들린 후 하얀 재가 비에 섞여 내리는 것을 보았어요. 하얀 재는 눈과 귀에 들어가고 옷을 더럽혔으며 갑판에도 쌓일 정도였어요. 공포에 질린 선원들이 배를 돌려 일본으로 귀항했지만 이미 죽음의 재에 오염된 뒤였죠. 이 사고로 선원 모두가 방사선에 피폭되고 화상과 탈모 증상을 포함해 백혈구·골수 세포 감소 등으로 고통을 받았어요.

방사선을 방출하는 능력을 방사능이라고 해요. 방사선은 우라늄이나 플루토늄, 라듐 같은 방사성 물질에서 나오는 입자나 빛을 말하는데, X선이나 감마선은 대표적인 방사선이에요. 이런 종류

▶ 일본의 영화 제작사 도호에서 만든 괴수 영화의 한 장면(1954년).

의 방사선은 에너지가 매우 강해요. 유전자를 변형시키거나 파괴할 수 있고 심하면 생명도 앗아갈 수 있어요.

피폭당한 선원들은 병원에서 치료를 받고 일 년 후 퇴원했지만 완쾌된 것은 아니었어요. 특히 1등 항해사 쿠보야마 아이키치는 "핵폭탄, 수소 폭탄에 의한 희생자는 내가 마지막이었으면 좋겠다."는 유언을 남긴 채 피폭 6개월 만에 39세의 나이로 생을 마감했어요.

제5 후쿠류마루 호 사건으로 일본 열도가 분노로 들끓었어요.

핵 실험 반대 시위가 전국으로 번지는 한편 방사능 오염에 대한 공포심도 커졌어요. 이런 분위기 속에서 일본의 영화 제작사 도호는 괴수 영화를 만들었어요. 비키니 해저에 잠들어 있던 티라노사우르스가 수소 폭탄 실험으로 거대한 괴수가 되어 깨어나 일본을 공격한다는 내용이에요.

1954년 개봉된 이 영화는 1000만 명 가까운 관객을 동원하는, 당시로서는 달성하기 힘든 대기록을 세웠어요. 우리에게도 낯설지 않은 괴수 영화 〈고질라〉는 이런 역사적 배경을 안고 탄생했어요.

냉전시대의 경쟁이 낳은 **핵무기**

수소 폭탄은 냉전시대1945~1991의 산물이에요. 냉전이란 자본주의 체제 국가들과 사회주의 체제 국가들이 이념적으로 대립하는 것을 말해요. 제2차 세계 대전 이후 두 진영은 군대를 동원하는 직접적인 대립이 아니라 첩보전이나 군비 경쟁으로 소리 없는 전쟁을 치렀어요. 군사력으로 상대국을 압도하기 위해 군비를 늘리는 것을 군비 경쟁이라고 해요. 미국 등 자본주의 국가들은 사회주의 세력이 커지는 것을 막기 위해 군비를 확충하고 무기 개발에 열을 올렸어요. 이에 맞서 소련지금의 러시아 등 사회주의 국가들도 군비 경쟁에 뛰어들었어요. 군비 경쟁은 냉전을 주도했던 미국과 소련의 핵무기 개발을 중심으로 수십 년간 벌어졌어요.

1945년 미국이 최초로 핵폭탄을 제조하자 소련도 4년 뒤인 1949년에 핵폭탄 실험에 성공했어요. 1952년 미국이 수소 폭탄을 개발하며 경쟁에서 앞서 나가자 소련도 바로 이듬해에 수소 폭탄을 만들어 냈어요.

당시 소련은 기술적으로 미국에 뒤지지 않았지만, 핵폭탄과 수소 폭탄 보유량은 미국보다 적었어요. 이를 만회하려는 듯 소련은 1961년 차르 봄바라는 인류 역사상 최강의 수소 폭탄을 제조했어요. 러시아어로 차르 봄바는 황제 폭탄이라는 뜻이에요. 차르 봄바는 그 위력이 너무 강해 지상에서 실험하지 못하고 4.2킬로미터 상공에서 폭발시켰어요.

북극해 노바야제믈랴 제도의 상공에서 폭발한 차르 봄바는 어마어마한 폭음과 함께 거대한 불덩어리fire ball, 화구를 만들어 냈어요. 그 파괴력은 일본 히로시마에 떨어진 핵폭탄의 3333배에 달했다고 해요. 100킬로미터 밖에서도 3도 화상을 일으키고 1000킬로미터 떨어진 핀란드의 건물 유리창이 깨질 정도였다고 해요. 폭발로 생긴 버섯구름은 지구와 우주의 경계라 불리는 카르만 라인지상 80킬로미터 높이 부근 너머까지 치솟았어요. 달에서 지구를 바라보았다면 차르 봄바의 버섯구름이 코로나19 바이러스의 돌기처럼 보였을 거예요.

오늘날 미국과 러시아를 비롯해 영국, 프랑스, 중국, 인도 등 세계 각국이 공식적으로 보유한 핵폭탄과 수소 폭탄은 1만 3000여 개에 달해요. 작은 핵폭탄 하나만으로도 도시 전체를 초토화시킬 수 있는데 1만 개가 넘는 핵폭탄과 수소 폭탄을 터뜨린다면 어떤 일이 벌어질까요? 이들 국가가 인류 멸망을 목적으로 핵무기를 개발하고 군비 경쟁에 나서지는 않았을 거예요. 하지만 핵무기는 개발되었고 결과적으로 인류의 생존이 위협받고 있어요.

미국이 핵폭탄을 개발한 데에는 독일이 핵무기를 먼저 보유할지 모른다는 두려움이 깔려 있었어요. 독일의 화학자 오토 한은 우라늄으로 실험을 하다가 생각지도 않게 바륨이 생기는 것을 보았어요. 실험의 원래 목적은 우라늄보다 무거운 원소를 만들어 내는 것이었지만 어찌된 일인지 우라늄보다 가벼운 바륨이 만들어진 거예요.

오토 한은 연구실 동료였지만 그즈음 나치의 유대인 탄압을 피해 스웨덴으로 망명한 물리학자 리제 마이트너에게 실험 결과를 적은 편지를 보냈어요. 마이트너는 큰 비눗방울이 터져 두 개의 작은 비눗방울이 되는 것처럼, 우라늄의 핵이 쪼개져 바륨이 되었다고 해석하고 이 현상에 핵분열이라는 이름을 붙였어요. 핵분열을 최초로 성공시킨 오토 한은 제2차 세계 대전1939~1945 발발을 불과 몇 개월 앞둔 1939년 1월에 실험 결과를 발표했어요. 핵분열을 발견한 공로로 오토 한은 1946년 노벨 화학상을 수상했어요.

핵분열은 그 자체로 핵폭탄의 원리예요. 큰 핵이 깨져 작은 핵이 되는 과정을 핵분열이라고 해요. 하나의 핵은 분열되면서 주변의 다른 핵을 분열시켜요. 쇠사슬이 서로 연결되어 있는 것처럼 꼬리에 꼬리를 물고 주변의 핵까지 분열을 일으키면 이것을 핵분열 연쇄반응이라고 해요. 연쇄반응 속도가 올라가 분열하는 핵이 많아지면 에너지가 커져요. 이때 연쇄반응 속도를 떨어뜨리지 않고 계속 진행시키면 그게 바로 핵폭탄이에요.

핵폭탄은 알베르트 아인슈타인이 1905년에 발표한 특별한 공식에 기반을 두고 있어요. 세상에서 가장 아름다운 공식이라고 불리는 E(에너지) = mc^2(m: 질량, c: 빛의 속도, '엠씨스퀘어'라고 읽어요)예요. 아인슈타인이 특수상대성 이론을 설명하기 위해 도입한 것인데, 이것은 질량이 에너지로 전환되고, 반대로 에너지는 질량으로 전환된다는 의미를 가져요. 이 공식에서 의미심장한 부분은 빛의 속도를 제곱한다는 거예요. 1초에 지구를 일곱 바퀴 반이나 도는 빛의 속도를 제곱(300,000,000미터 × 300,000,000미터)하면 우리가 계산하기 힘든 엄청나게 큰 수가 되는데, 여기에 어떤 물질의 질량을 곱해 주면 그만큼이 에너지로 전환된다는 것이 아인슈타인 공식의 핵심이에요.

예를 들어, 초콜릿 한 조각은 보통 3그램 정도 해요. 이걸 아인슈타인의 공식에 적용하면, 현재 우리나라 전체 2150만 가구에 일년 동안 전력을 공급하고도 남을 만큼의 에너지를 갖고 있다는 결론이 나와요. 초콜릿 한 조각에 담긴 에너지가 이 정도예요. 실제로 우라늄이나 플루토늄처럼 핵분열을 일으키는 물질은 아주 적은 양으로도 엄청난 에너지를 방출할 수 있어요. 핵폭탄이 발산하는 무시무시한 에너지에는 이런 비밀이 숨겨져 있던 거예요.

오토 한의 실험 소식을 전해 들은 몇몇 과학자들은 상황이 심상치 않음을 느꼈어요. 독일이 핵분열에 성공했다면 히틀러가 핵폭탄을 손에 쥐는 건 시간문제라고 여겼어요. 이들은 독일이 핵폭탄을 만들지 못하도록 막아야 한다고 생각했어요. 나치의 유대인 탄압을 피해 헝가리에서 미국으로 망명한 레오 실라르드와 같은 물리학자들은 이보다 더 나아가 독일을 막으려면 미국이 먼저 핵무기를 만들어야 한다고 믿었어요.

실라르드는 동료들과 함께 당대 최고의 과학자인 아인슈타인을 찾아갔어요. 아인슈타인도 1933년에 히틀러가 독일의 총리로 집

▶ 아인슈타인(왼쪽)과 실라르드(오른쪽)의 모습.

권하자 나치를 피해 미국으로 망명한 뒤 프린스턴 대학에서 물리학을 연구하고 있던 참이었어요. 1939년 8월, 아인슈타인은 핵무기 개발을 촉구하는 실라르드의 편지에 자신의 서명을 보태 미국의 루스벨트 대통령에게 보냈어요.

맨해튼 프로젝트와 **최초의 핵 실험**

1942년 미국 루스벨트 대통령의 지시로 핵폭탄 개발을 목표로 하는 암호명 '맨해튼 프로젝트'가 가동되었어요. 맨해튼 프로젝트는 철저한 보안 속에서 이루어졌어요. 여기에 참여한 과학자들은 가명을 써야 했고 자유로운 대화도 금지되었어요. 프로젝트의 진짜 의미를 아는 사람은 대여섯 명을 넘지 않았다고 해요. 당시 부통령이던 해리 트루먼조차 1945년 4월 루스벨트 대통령이 급성 뇌출혈로 사망해 자신이 대통령직을 승계받기 전까지는 맨해튼 프로젝트의 존재를 알지 못했다고 해요.

'맨해튼'이라는 암호명은 프로젝트 수행을 위한 첫 본부가 극장가로 유명한 뉴욕 맨해튼의 브로드웨이 270번지에 있었기에 붙여진 이름일 뿐이에요. 실제로는 미국 전역의 30여 곳에서 프로젝트가 진행되었어요. 핵무기의 설계와 제작은 뉴멕시코주의 로스앨러모스, 핵폭탄의 원료가 되는 우라늄 농축과 플루토늄 분리는 각각 테네시주 오크리지와 워싱턴주 핸포드 사이트, 핵반응 실험은 시카고 대학의 운동장 지하에서 진행하는 식이었어요.

맨해튼 프로젝트는 연인원 13만 명과 수십억 달러에 달하는 대규모 자금이 투입되어 지금까지도 보기 드문 거대 프로젝트였어요. 국가 차원의 전폭적인 지원도 뒤따랐어요. 예를 들어 우라늄 분리에 필요한 전자석용 구리 전선이 부족해지자 구리 대신 은으로 전선을 만들었는데, 미국 재무부 지하 금고인 포트 녹스Fort Knox에서 은괴를 가져다 전선을 만들었어요. 이때 사용한 은괴의 무게는 1만 5000톤으로 자그마치 10억 달러 어치였어요. 또 오크리지 연구단지에서 사용하는 전기는 미국 전체 전력의 7분의 1에 달해서 테네시강 유역에 지어진 대규모 수력 발전소에서 전기를 끌어와야 했어요.

한편, 맨해튼 프로젝트에는 최고의 과학자들이 투입되었어요. 닐스 보어1922년 노벨 물리학상 수상를 비롯해 레오 실라르드, 엔리코 페르미1938년 노벨 물리학상 수상, 로버트 오펜하이머, 리처드 파인만1965년 노벨 물리학상 수상, 존 폰 노인만 등 한 시대를 풍미한 과학자들이 참여했어요.

보어는 새로운 원자 모델을 제안한 양자물리학의 거장이었어요. 실라르드는 맨해튼 프로젝트를 제안한 물리학자이고, 페르미는 원자로를 최초로 설계한 물리학자였어요. 오펜하이머는 블랙홀 이론을 개척한 물리학자로 프로젝트의 과학자 집단을 이끌며 연구 개발을 주도했고, 파인만은 나노 과학과 양자 컴퓨터의 등장을 예견한 물리학자였어요. 노인만은 게임 이론의 창시자로 현대 컴퓨터의 핵심 구조를 제안한 수학자였고요. 아인슈타인은 맨해튼 프로젝트에 직접 참여하지는 않았지만 그의 연구가 핵폭탄의 이론적 토대를 제공한 것은 잘 알려진 사실이에요.

다이너마이트로 부를 축적한 노벨은 '죽음의 상인', '사람을 더 많이 더 빨리 죽이는 방법을 개발해 부자가 된 사람'이라는 비판을 받았아요. 그와 같은 비판에 괴로워하던 노벨은 자신의 재산을 인류의 평화와 발전을 위해 써 달라며 노벨상 기금으로 남겼어요. 슬프게도, 많은 노벨상 수상자가 맨해튼 프로젝트에 헌신한 바 있고, 다이너마이트보다 더 무서운 대량 살상 무기를 만들어 냈어요.

비키니에서의 핵폭탄 실험이 있기 1년 전인 1945년 7월 16일, 뉴멕시코주 앨라고모도에서 최초의 핵폭탄 실험 '트리니티Trinity'가 실시되었어요. 30미터 높이의 철탑에서 플루토늄이 든 핵폭탄이 폭발했고 이 광경을 9킬로미터 떨어진 곳에서 맨해튼 프로젝트의 과학자들과 미 국방부의 고위 관리들이 지켜보았어요. 폭발 직후 페르미는 '천 개의 태양보다 밝다'는 말을 남겼어요.

이날 실험에 사용된 핵폭탄은 암호명 가제트Gadget, 간단한 기계장치라는 뜻였어요. 가제트와 함께 개발된 핵폭탄은 두 개가 더 있는데 리틀보이Little boy, 꼬마와 팻맨Fat man, 뚱보이에요. 이런 암호명은 폭탄 개발 정보가 새어 나갈까 봐 일부러 우스꽝스럽게 지은 거라고 해요. 가제트의 위력은 TNT폭탄의 한 종류 2만 톤 규모였어요. 폭발로 생긴 충격파는 160킬로미터에 도달했고 버섯구름은 지상 12킬로미터까지 치솟을 정도였어요. 이로써 미국은 최고의 전쟁 무기이자 최악의 대량 살상 도구를 손에 쥐게 되었어요.

과학자들의 **뒤늦은 후회**

가제트의 폭발 직후, 미국 순양함 인디애나폴리스 호가 핵폭탄의 부품을 싣고 서태평양의 티니언섬으로 출발했어요. 일본 본토에 떨어뜨릴 핵폭탄을 배치한 거예요. 티니언섬은 일본이 제2차 세계 대전 중에 태평양 기지로 쓰던 곳인데 1944년 8월에 미국이 점령해 공군기지를 세웠어요. 이곳에는 핵폭탄을 투하하는 임무를 맡은 509 혼성대대도 배치되어 있었어요.

미국은 핵폭탄을 떨어뜨릴 도시를 선택하기 위해 1945년 4월에 목표물 선정위원회를 열었어요. 이때 제시된 기준은 핵폭탄의 위력을 확인할 수 있도록 이전에 공습 피해가 없고 규모가 큰 도시였어요. 한 달 전에 있었던 대공습으로 이미 폐허가 된 도쿄와 일부 지방 대도시는 목표물에서 제외되었어요. 그해 5월에 열린 관련 회의에서는 민간인이 많은 지역의 군수 공장을 공격한다는 구체적인 목표가 추가되었어요. 회의 결과 교토와 히로시마, 요코하마, 고쿠라, 니가타가 후보에 올랐어요. 특히 옛 수도인 교토는 각지에서 온 피난민을 포함해 100만 명이 살고 있는 큰 도시였고 군수 공장도 밀집되어 있었기 때문에 1순위로 후보에 올랐어요.

하지만 국방장관인 핸리 스팀슨이 교토 폭격을 반대했어요. 교토로 신혼여행을 다녀온 적이 있는 스팀슨은 이곳에 대한 좋은 인상을 갖고 있었어요. 그는 일본의 옛 수도이자 정신적, 문화적 중심지인 교토를 폭격하는 것은 일본인을 자극해 오히려 역효과를 낼 수 있다며 후보지에서 교토를 제외해야 한다고 주장했어요.

결국 일본에서 일곱 번째로 큰 도시이며 한 번도 공습을 당한 적이 없고 군사기지와 항구가 있는 히로시마가 제1 목표지가 되었어요. 회의를 통해 최종 공격 목표는 히로시마와 고쿠라, 니가타, 나가사키 네 곳으로 수정되었어요. 7월 25일, 트루먼 대통령은 8월 3일 이후 날씨가 좋아지면 바로 핵폭탄을 투하하라는 명령을 내렸어요. 8월 4일 회의에서 다시 니가타가 제외되었어요. 이제 최종 공격 목표는 히로시마와 고쿠라, 나가사키 세 곳으로 좁혀졌어요.

1945년 8월 6일 새벽, 509 혼성대대의 대대장 폴 티베츠 대령은 기념촬영을 마친 뒤 B-29 폭격기를 몰고 티니언 기지를 이륙했어요. 그 전날 일종의 안전 조치로 핵폭탄 리틀보이를 분해해 B-29 폭격기에 탑재했어요. 핵폭탄 조립은 이륙 후에 비행기 안에서 실시할 예정이었어요. 리틀보이는 4톤 중량의 날씬한 포신형 핵폭탄으로 그 안에 농축 우라늄을 64킬로그램을 싣고 있었어요. 티베츠는 이륙 전날 자신의 비행기 이름을 어머니 이름을 따서 '에놀라 게이'로 바꾸고 조정석 아래에 페인트로 휘갈겨 썼어요.

에놀라 게이가 이륙하기 한 시간 전에 폭탄 투하 지점의 날씨를 확인하기 위해 기상관측기 세 대가 히로시마와 고쿠라, 나가사키를 향해 날아갔어요. 핵폭탄의 위력을 극대화하기 위해서는 바람이 불지 않는 맑은 날씨여야 했어요. 오전 7시 25분이 조금 지났을 때 티베츠는 히로시마로 날아갔던 기상관측기로부터 연락을 받았어요. 히로시마의 하늘이 맑게 개었다는 내용이었어요. 에놀라 게이는 고도 9500미터로 비행하며 히로시마 상공에 접근했어요.

8월 6일 오전 8시 15분 17초일본 시각, 에놀라 게이는 핵폭탄 리틀보이를 투하했어요. 히로시마 사람들은 월요일 아침을 맞이하고 있었어요. 공습경보가 발령되기는 했지만 경보는 곧 해제되었어요. 공습이라면 수백 대의 폭격기가 몰려와야 할 텐데 서너 대의 비행기만 보였기 때문에 정찰기가 온 것으로 착각한 거예요. 사람들은 하늘에 떠 있는 비행기에서 작은 폭탄 하나가 떨어지는 것을 지켜보았어요. 리틀보이는 수천 미터를 자유낙하하다 지상 580미터 롯데월드타워 높이는 555미터 높이에서 폭발했어요. 히로시마는 삽시간에 불바다가 되었어요. 이 광경을 본 사람은 이것이 세상의 마지막 모습일 줄은 꿈에도 몰랐을 거예요.

하세가와 쓰요시는 『종전의 설계자들』에서 당시 상황을 이렇게 전하고 있어요.

폭발 중심지로부터 800미터 이내에 있던 사람들은 인체의 내장까지 몇 분의 1초 만에 증발시켜 버리는 화력으로 조그맣게 눌어붙은 둥근 덩어리가 돼 버렸다. 이런 덩어리가 수천 개나 도로에, 보도에, 다리 위에 굴러다녔다. 은행 앞의 돌계단에 앉아서 은행 문이 열리기를 기다리고 있던 한 사람은 완전히 증발해 대리석으로 된 돌계단 위에 오직 그 흔적으로만 남았다.

핵폭발로 수만 명이 그 자리에서 즉사했고 강렬한 섬광으로 죽기 직전의 그림자가 X선 사진처럼 돌과 콘크리트에 흔적으로 남겨졌어요. 살아남은 자의 얼굴과 피부도 녹아내려 형체를 알아볼

▶ 1945년 8월 6일 일본 히로시마에 핵폭탄이 투하된 뒤 일어난 버섯구름의 모습.

수 없었어요. 방사능에 피폭된 수천 명이 그날 밤을 넘기지 못했어요. 한 조사에 따르면, 이때의 폭발로 히로시마에서 강제 노역 중이던 조선인 2만 명을 포함해 일본인 11만 명과 일본군 2만 명이 즉사하고 그해 말까지 7만 명이 더 사망했으며 그 후 5년간 6만 명이 후유증에 시달리다 죽었다고 해요.

티베츠 대령은 핵폭발의 영향권을 벗어나기 위해 서둘러 폭격기를 돌리고 히로시마 상공을 빠져나갔어요. 그러고는 기내 확성기를 통해 "여러분은 역사상 최초의 핵폭탄을 투하했다."고 알렸어요. 히로시마가 불타고 있을 때, 트루먼 대통령은 독일 포츠담에서의 회담1945년 7월 17일~8월 2일을 마치고 미국으로 돌아가는 중이었어요. 대서양을 건너는 미국 순양함 오거스타 호 선상에서 점심을 먹고 있던 그는 핵폭탄이 이전의 실험을 압도할 만큼 성공적이었다는 메모를 받았어요. 트루먼은 자리에서 벌떡 일어나 '좋았어! 아주 좋았어'라고 외치며 승조원들에게 '우리는 TNT 2만 톤 이상의 폭발력을 지닌 신형 폭탄을 일본에 투하했다. 그것은 압도적인 성공이었다'고 선언했어요.

3일 뒤인 8월 9일 목요일 11시 2분, 척 스위니 대위가 조종하는 B-29 폭격기 복스카Bockscar가 고쿠라를 향해 이륙했어요. 하지만 전날 있었던 미 공군의 공습 여파로 고쿠라 지면에서 자욱한 연기가 피어올랐고 여기에 안개까지 겹쳐 시야가 흐릿했어요. 그러자 스위니 대위는 후순위였던 나가사키로 날아갔어요. 그런데 막상 나가사키로 가 보니 고쿠라보다 기상 조건이 더 나빴어요. 스위니 대위는 고쿠라로 다시 돌아갈까 고민했지만 연료가 충분하지 않다는 사실을 깨닫고는 그대로 나가사키에 핵폭탄 팻맨을 투하했어요.

팻맨은 둥그렇고 통통한 모양의 4.86톤짜리 핵폭탄으로 트리니

티 핵 실험에 사용된 가제트와 마찬가지로 그 안에 6킬로그램짜리 플루토늄을 싣고 있었어요. 팻맨은 나가사키 상공으로 떨어지다 지상 600미터 지점에서 폭발했어요. 리틀보이보다 위력이 강했지만 목표 지점을 3킬로미터 정도 벗어나 피해 지역이 상대적으로 적었어요. 하지만 팻맨의 폭발로 나가사키의 건물이 대부분 파괴되고 4만여 명이 그 자리에서 즉사했어요. 그 후로도 7만여 명이 부상과 후유증으로 사망했어요.

사실 팻맨은 하나가 아니라 세 개가 제조되었어요. 원래 계획대로라면 8월 19일에 또 한 발의 팻맨을 일본 본토에 투하해야 했어요. 하지만 일본이 8월 15일 연합국에 '무조건 항복'하면서 이 계획은 백지화되었어요. 남은 두 발 중 하나는 일 년 뒤인 1946년 7월 25일 비키니의 바다 속에서 폭발했어요. 앞서 이야기한 암호명 크로스로드의 두 번째 핵 실험이 팻맨을 폭발시켜 그 위력을 측정하는 거였어요.

일본 본토에 핵폭탄이 떨어졌다는 소식을 들은 과학자들은 뒤늦게 후회했어요. 아인슈타인은 '철없는 아이에게 다이너마이트를 장난감으로 주었다'며 탄식했고 페르미는 눈물을 흘리며 '미안합니다'를 연거푸 반복했어요. 오펜하이머는 '나는 이제 죽음이요 세상의 파괴자가 되었다'라는 힌두교 경전의 구절을 되뇌며 자신을 책망했어요. 자신이 만든 핵폭탄이 수많은 사람들의 목숨을 앗아갔다는 생각을 떨칠 수 없었던 거예요. 하지만 이미 엎질러진 물이었어요.

사실 맨해튼 프로젝트에 가담하여 혼신의 힘을 다해 핵폭탄 제조에 나섰던 과학자들이 자신들이 개발하고 있는 핵폭탄의 위력을 모르고 있었다면 거짓말일 거예요. 그들은 핵폭탄을 직접 터뜨려 테스트해 보지 않아도 그 위력을 수학적으로 계산할 수 있었어요. 하지만 실제로 목격한 핵폭탄의 무서움은 예상치를 훨씬 뛰어넘었어요. 핵폭탄의 위력을 눈으로 직접 확인한 과학자들은 이것이 실전에 쓰이지 않기를 바랐어요. 전쟁을 종식시킬 만큼의 압도적인 위력에 일본이 겁먹고 항복하기를 바랐던 거예요. 그래서 민간인이 밀집한 대도시에 핵폭탄을 투하하자는 의견이 나왔을 때 실라르드와 같은 과학자들은 받아들일 수 없었어요. 이들은 우선 사람이 살지 않는 일본의 무인도에 핵폭탄을 터뜨려 일본 정부에 경고장을 날리고 그들의 반응에 따라 핵폭탄 투하 여부를 결정하자는 타협안을 내기도 했어요.

하지만 맨해튼 프로젝트의 군사 부문을 담당하고 있던 레슬리 그로브스 장군은 이 제안을 묵살했어요. 오히려 일본을 항복시키기 위해서는 반드시 대도시를 타격해야 한다고 강하게 주장했어요. 트루먼 대통령과 강경파 정치인들도 이에 동조했어요. 극동 지역 연합군 사령관 맥아더와 유럽 지역 연합군 최고사령관 아이젠하워와 같은 군 수뇌부도 핵폭탄의 사용을 반대했지만 그들을 꺾을 수 없었어요. 결국 히로시마와 나가사키에 핵폭탄이 떨어졌어요.

핵폭탄이 아니었으면 **일본은 항복하지 않았을까?**

제2차 세계 대전은 1945년 5월 7일 독일의 항복에 이어 8월 15일 일본의 '무조건 항복'으로 종결되었어요. 어떤 사람은 핵폭탄이 아니었다면 일본이 항복하지 않았을 것이고 전쟁도 끝나지 않았을 것이라고 해요. 그래서 히로시마와 나가사키에서 희생된 사람보다 더 많은 사람이 목숨을 잃었을 거라고 말해요. 핵폭탄이 아니었다면 수십만 명의 군인이 전장에서 목숨을 잃을 수 있었다는 이야기예요.

하지만 핵폭탄이 일본을 항복시킨 유일한 이유는 아니에요. 핵폭탄은 일본의 항복을 앞당겼을 뿐이에요. 핵폭탄이 아니더라도 일본을 항복시킬 다른 방법들도 있었어요. 당시 일본은 태평양을 포함해 거의 모든 전선에서 패배를 거듭하고 있었고 일본 본토 상황도 더 이상 전쟁을 수행하기 어려운 상태였어요. 일부 정치가들은 전쟁을 끝낼 방법을 찾고 있었어요. 맥아더나 아이젠하워 등 군 지휘부도 이 사실을 알고 있었기 때문에 핵폭탄의 사용을 반대했던 거예요. 군 지도부의 판단은 핵폭탄 없이 기존의 전술과 무기로 일본의 항복을 받아내 전쟁을 종결짓는 거였어요.

하지만 트루먼 대통령은 일본에 항복을 요구하는 포츠담 선언문을 발표하기 하루 전날인 1945년 7월 25일에 핵폭탄 투하를 결정했어요. 트루먼이 일본에 항복을 요구하기 이전에 핵폭탄 투하를 명령했다는 것은 다른 의도가 있었다는 것을 의미해요.

트루먼은 소련이 다 쓰러져 가는 일본을 상대로 전쟁을 벌이고 이로써 손쉽게 승전국의 반열에 오르는 것을 원치 않았어요. 더 길게 보면 동북아시아에서 세력을 넓히려는 소련의 기세를 핵폭탄으로 누르려는 계산도 깔려 있었어요. 트루먼이 무조건 항복이라는 일본이 받아들이기 어려운 조건을 계속 요구한 것도 사실은, 핵폭탄을 투하하기 전에 일본이 항복하지 않기를 바랐던 거예요. 하지만 트루먼의 의도와는 다르게 소련은 8월 8일 미국이 나가사키에 두 번째 핵폭탄을 떨어뜨리기 전날, 선전포고를 하며 만주국을 점령한 뒤 승전국이 되었어요.

이때 우리나라도 안타까운 상황이었어요. 대한민국 임시정부의 광복군은 서울 탈환을 목표로 중국 충칭에서 오랫동안 훈련을 해 오며 출격할 날짜만 손꼽아 기다리고 있었어요. 그런데 일본이 8월 15일 갑자기 항복을 선언하는 바람에 승전국이 될 기회를 놓친 거예요. 조선독립동맹 소속의 조선의용군도 국내 진격을 앞둔 상황이었어요. 이들의 활약으로 우리나라가 승전국이 되어 연합국과 대등하게 평화협정 테이블에 앉았더라면 남한과 북한으로 나뉘는 분단국가의 슬픔은 없었을지 몰라요.

원자로와 **핵폭탄은 다른 걸까?**

히로시마와 나가사키의 교훈은 분명 핵 없는 안전한 세상을 건설하는 것이었지만, 세상은 그 어느 때보다 위험해졌어요. 세계 도처에 깔린 핵무기뿐만 아니라 핵 에너지Nuclear Energy도 인류의 생존을 위협하고 있어요.

핵분열은 핵 에너지의 여러 형태 중 하나예요. 우라늄이나 플루토늄의 핵은 무겁기 때문에 불안정해요. 그래서 핵이 쉽게 깨지는데 이 현상이 핵분열이에요. 그런데 무거운 핵은 쪼개져 가벼운 핵이 되면서 질량이 살짝 줄어들어요. 망치로 큰 돌을 두들기면 튀어나간 돌가루 때문에 무게가 살짝 빠지는 것처럼 말이에요. 미세하게 줄어든 질량은 아인슈타인의 공식($E = mc^2$)에 의해 거대한 에너지로 변환돼요. 이때 대부분은 열에너지 형태로 방출되고 일부는 감마선이나 중성자 같은 입자 형태로 방출돼요.

핵분열 과정에서 방출된 중성자는 핵분열을 연속적으로 일으키는 망치 역할을 해요. 중성자가 망치처럼 주변의 핵을 두들기면, 핵은 핵분열을 일으켜 중성자를 방출하고, 여기서 튀어나간 중성자는 주변의 또 다른 핵을 두들겨 핵분열을 일으켜요. 이렇게 꼬리에 꼬리를 무는 식으로 핵분열의 연쇄반응이 일어나요. 이러한 연쇄반응을 극대화시킨 것이 핵폭탄이고, 연쇄반응을 적당한 수준에서 제어한 것이 원자로Nuclear Reactor예요.

원자로에서 발생하는 핵분열 에너지를 전기 에너지로 전환하는 시설이 핵 발전소Nuclear Power Plant예요. 핵 발전의 기본 구조는 화력 발전과 비슷해요. 화력 발전이 보일러에서 석탄이나 석유, 천연가스를 태운다면 핵 발전은 원자로에서 우라늄을 반응시켜요. 우라늄의 핵분열 연쇄반응에서 나오는 열에너지로 물을 끓이고 여기서 얻은 증기 압력으로 발전기를 돌려 전기를 생산하는 거예요. 핵 발전은 증기의 힘을 이용하기 때문에 증기기관의 일종으로 볼 수 있어요.

제2차 세계 대전이 한창이던 1942년, 미국 시카고 대학 운동장 지하에 최초의 원자로시카고 파일 1호가 설치되었어요. 시카고 파일 1호의 설계는 엔리코 페르미와 그가 이끄는 과학자 팀이 주도했어요. 페르미는 핵분열 연쇄반응을 제어하기 위해 흑연연필심 재료을 사용했어요. 원자로 이름에 '파일'이 붙은 이유는, 4만 5000여 개의 흑연 벽돌을 쌓아 만들었기 때문이에요.

시카고 파일 1호는 1942년 12월 2일, 인공적인 핵분열 연쇄반응을 28분 동안 일으키는 데 성공했어요. 사실, 시카고 파일 1호는 맨해튼 프로젝트의 일부로 추진되었어요. 때문에 최초의 원자로에서 거둔 과학적 성과는 곧바로 핵폭탄 제조에 적용되었어요. 일본 나가사키에 투하된 플루토늄 핵폭탄이 그 결과물이에요. 원자로 내부에서 생성된 플루토늄이 핵무기 제조에 쓰였어요. 원자로와 핵무기는 같은 뿌리에서 나온 다른 줄기에 불과하고 그 차이는 종이 한 장보다 얇아요.

1952년 12월, 미국의 아이젠하워 대통령은 유엔 총회에서 '평화를 위한 원자Atoms for peace'를 주창했어요. 러시아와 영국이 각각 1949년과 1952년에 핵 실험을 성공시킨 뒤였어요. 핵무기와 핵 기술을 독점할 수 없게 된 미국은 그 대신 핵 산업을 자신의 영향력 아래에 두고 싶었어요. 핵 기술을 제공하는 대가로 그 나라의 핵 산업을 쥐락펴락하려는 거예요. 그래서 내세운 것이 핵의 평화적 이용 즉 핵 발전소였어요.

이 무렵 일본에는 핵을 꿈의 에너지로 여기는 사람들이 늘고 있었어요. 핵폭탄 피해국인 일본으로서는 아이러니가 아닐 수 없어요. 이런 사회적 분위기 속에서 일본의 만화가 데즈카 오사무는 핵 에너지로 움직이는 주인공을 내세운 만화 〈철완 아톰〉을 1952년부터 10여 년 동안 만화 잡지에 연재하고 애니메이션으로도 만들었어요. 〈철완 아톰〉은 우리나라에 〈우주 소년 아톰〉이라는 제목으로 소개되기도 했어요. 약자의 편에 서서 지구를 지키는 아톰의 이야기는 당시 어린 세대에게 핵 에너지에 대한 긍정적 이미지를 심어 주었어요.

1954년, 러시아는 전기를 생산하는 최초의 핵 발전소를 건설했어요. 2년 뒤, 전력 판매가 목적인 최초의 상업용 핵 발전소가 영국에 세워졌어요. 1957년에는 핵 에너지의 군사적 이용을 막기 위해 국제원자력기구IAEA가 설립되었어요. 1970년대까지 핵 에너지는 석탄과 석유를 대신할 미래 에너지로 환영받으며 전 세계에 수백 기의 핵 발전소가 건설되었어요. 우리나라는 1978년 부산의 기장군에 설치된 고리 1호기를 시작으로 지금까지 24기의 핵 발전소가 건설되어 가동 중이며 경북 울진과 울산 지역에 4기가 추가 건설되고 있어요. 2022년 현재 핵 발전소는 우리나라 전체 전력의

▶ 부산시 기장군에 있는 고리 핵 발전소 전경.

29퍼센트를 생산하고 있어요.

전기 에너지 없이 살아갈 수 없는 현대 사회에서 핵 발전은 효율적인 에너지원으로 인식되고 있어요. 이론적으로, 우라늄 1그램은 석탄 3톤에 해당하는 열을 낼 수 있어요. 같은 무게의 석탄이나 석유, 천연가스보다 더 많은 전기를 생산할 수 있어요. 하지만 핵 발전은 방사능 오염과 방사선 피폭, 원자로 폭발 등의 안전성 문제를 늘 안고 있어요.

핵 에너지의
두 얼굴

핵 발전은 안전하지 않아요. 핵 발전의 역사는 사고로 얼룩져 있어요. 1979년 3월 28일, 미국 스리마일섬의 핵 발전소에서 사고가 났어요. 스리마일섬 핵 발전소가 전력 판매에 나선 지 4개월도 지나지 않았을 때였어요. 사고의 원인은 냉각 시스템의 고장과 기술자의 조작 실수였어요. 그 결과 원자로 내부의 핵 연료봉이 녹아내리는 노심용융멜트다운, meltdown이 일어났어요. 노심용융으로 방사능을 지닌 수소 기체가 발생했고 핵 발전소 외부로 누출되었어요. 마을 사람들은 겁에 질렸어요.

그런데 스리마일섬 핵 발전소를 운영하는 업체의 관계자는 사고가 일어났지만 자신들이 모든 상황을 통제하고 있다며 주민들을 안심시켰어요. 업체 관계자는 자신들이 수십 개의 원자로를 운영하고 있지만 단 한 사람에게도 해를 끼친 적이 없다면서 '인류가 불을 사용한 이래로 그 어떤 기술도 그런 기록을 세우지 못했다'고 주장했어요. 또 다른 관계자는 더 이상 심각한 상황은 없을 거라고 주장하는 근거가 무엇이냐는 어느 기자의 질문에 '당신이 내일 운석에 맞지 않으리란 보장이 없다'는 황당한 답변을 내놨어요. 미래는 아무도 예측할 수 없기 때문에 앞으로 핵 발전소에 무슨 일이 터져도 자신들의 책임이 아니라는 식으로 말한 거예요.

스리마일섬에 핵 발전소가 들어설 때 마을 사람들은 방사능이나 핵 발전소가 위험하지 않다고 생각했어요. 오히려 마을에 일자리가 생기고 밝은 미래를 가져올 열쇠가 될 것으로 보았어요. 하지만 그 꿈은 산산조각 났어요. 사고가 일어났고 방사능에 피폭되었어요. 피부병이 생기고 암 발생률이 증가했으며 기형아를 낳은 산모도 있었어요. 방사선 피폭으로 고통 받던 일부 주민이 피해를 호소했지만 관계 당국은 꿈쩍도 안 했어요. 이들은 도리어 '여러분의 자녀가 피폭된 양은 담배 한 대를 피우거나 와인 한 잔을 마셨을 때의 수치에 불과'하다고 주장했어요.

스리마일섬 핵 발전소 사고를 계기로 사람들은 핵이 안전하게 통제되는 에너지가 아니라는 사실을 깨달았어요. 전 세계 핵 산업계와 정부 당국은 관련 기술과 운전 방법을 점검하고 관리 감독 시스템도 강화했어요. 하지만 핵은 그 자체로 거대한 에너지예요. 핵 발전소는 핵폭탄처럼 핵분열 연쇄반응이 폭발적으로 일어나지는 않지만, 안정적인 운전이 어렵고 국가 재난급 사고의 위험성을 늘 안고 있어요.

1986년 4월 26일 새벽, 구 소련의 체르노빌 핵 발전소에서 일어난 폭발 사고는 핵이 얼마나 위험하고 다루기 힘든 에너지인지 다시 확인시켜 주었어요. 사고 당일, 핵 발전소 관계자들은 원자로가 폭발했지만 사고 원인은커녕 그 사실조차 깨닫지 못했어요. 이들은 원자로가 무사한 줄 알고 있었어요. 그래서 살인적인 방사선이 뿜어져 나오는 사고 현장에 냉각수를 공급하라는 말도 안 되는 지시를 내렸어요. 원자로 파편이 흩어진 발전소 주변에는 방호복도 입지 않은 소방대원을 투입했어요. 이들 중 수십 명이 방사선에 피폭되어 끔찍한 죽음을 맞이했어요.

사고의 원인은 나중에야 밝혀졌어요. 원자로의 설계 결함이었어요. 원자로를 무리하게 운영한 탓도 컸어요. 스리마일섬 핵 발전소 관계자와 마찬가지로 체르노빌 핵 발전소 관계자들도 전문가였고 기술자였어요. 하지만 이들은 사고를 예측하지도 막지도

▶ 최악의 핵 발전소 사고로 기록된 체르노빌 핵 발전소 폭발 사고 현장의 모습(1986년).

못했어요. 사고를 대비한 지침서가 마련되어 있었지만 도움이 되지 않았어요. 국가 재난급 사태 앞에 지침서는 무용지물이었어요. 이들은 비상 정지 버튼을 누르면 사태가 진정될 것으로 판단했어요. 하지만 비상 정지 버튼을 누른 뒤에도 상황은 나아지지 않았어요. 자신들의 기술과 시스템을 너무 믿었던 거예요. 결국 체르노빌 핵 발전소 폭발 사고는 세계 최악의 핵 발전소 사고로 기록되었어요. 지금도 사고 주변 30킬로미터까지 출입이 통제되고 있어 주민들은 고향을 잃은 채 살아가고 있어요.

스리마일섬 핵 발전소 사고와 체르노빌 핵 발전소 폭발 사고는 핵 에너지에 대한 근본적인 성찰을 요구했어요. 사람들은 핵 에너지가 생각만큼 안전하지 않다는 것을 다시 깨달았어요. 또 이 지구에는 거대한 통제 조직이 필요한 에너지가 아니라 소규모의 친환경 에너지가 대안이라는 사실도 깨달았어요. 핵은 에너지와 다른 의미도 담고 있어요. 에너지 이용의 뒷면에는 핵무기가 도사리고 있어요. 핵 기술은 언제든 핵무기로 전환될 수 있어요. 미국이나 러시아, 프랑스, 일본 등이 핵 기술과 산업을 포기하지 않는 이유가 여기에 있어요. 그러는 동안 사고는 또 일어났어요.

후쿠시마 핵 발전소를 **덮친 쓰나미**

2011년 3월 11일 금요일 오후, 일본 동해안 바다 밑에서 규모 9.0의 대지진이 일어났어요. 지진이 발생하자 도쿄에서 220킬로미터 떨어진 후쿠시마의 해안가에 있던 핵 발전소는 가동을 멈추고 전원이 자동으로 끊겼어요. 정전이 된 거예요. 동시에 비상용 발전기가 돌아 냉각 장치에 전력을 공급했어요. 냉각 장치는 펌프로 물을 끌어와 원자로를 식히는 설비예요. 어떻게 보면 핵 발전소는 전기를 생산하는 일보다 냉각 장치를 유지시키는 것이 더 중요해요. 냉각 장치가 멈추면 원자로가 폭발할 수 있거든요.

하지만 지진 발생 50분 후 쓰나미지진 해일가 몰려왔어요. 비상용 발전기가 물에 잠겼고 전력이 끊겼어요. 나중에 밝혀진 사실이지만 후쿠시마 핵 발전소의 비상용 발전기는 지상이 아닌 지하에 설치되어 있었다고 해요. 후쿠시마 앞바다를 끼고 핵 발전소가 건설된 만큼 쓰나미 같은 높은 파도가 올 때를 대비해 지상에 설치해야 하는 것이 기본 상식일 텐데 그러지 않은 거예요.

후쿠시마 핵 발전소를 운영한 도쿄전력의 경영진은 쓰나미가 핵 발전소 시설을 덮칠 수 있다는 보고서를 2002년부터 받아 왔지만 이를 무시하고 예방 조치를 하지 않았다고 해요. 사실상의 민간 기업이었던 도쿄전력이 안고 있는 근본적인 문제였어요. 국민 안전보다는 기업의 이윤 추구가 먼저였던 거예요.

비상용 발전기가 물에 잠기고 냉각 장치가 멈추자, 원자로 내부의 온도가 급격히 상승해 핵 연료봉이 쇳물처럼 녹아내렸어요. 멜트다운이 발생한 거예요. 이 과정에서 대량의 수소 기체가 발생했어요. 그런데 수소는 쉽게 폭발하는 성질이 있어요. 건물 내부를 채운 수소가 폭발하자 콘크리트 방호벽 일부가 날아가 원자로가 외부에 노출되고 방사성 물질이 대기 중으로 대량 방출되었어요.

핵 발전소 사고가 발생한 지 10여 년이 지나고 있지만 일본 정부와 도쿄전력은 복구는커녕 수습조차 못하고 있어요. 폭발 4년 후에야 겨우 원자로 내부를 촬영해 핵 연료봉이 녹아 떨어졌다는 사실을 확인했어요. 다시 2년 뒤인 2017년에는 원격 로봇을 원자로 안으로 밀어 넣어 녹아내린 핵연료의 위치를 대강 알아냈어요. 그런데 카메라를 장착한 이 로봇은 사진 몇 장을 찍고 2시간도 채 지나지 않아 작동 불능이 되었어요. 사람이라면 30초도 견디지 못할 강력한 방사선이 뿜어져 나와 로봇을 망가뜨렸기 때문이에요.

2022년 2월에는 잠수 로봇을 투입해 원자로 내부 촬영에 성공했어요. 하지만 핵연료와 주변의 구조물이 뒤엉킨 핵폐기물 덩어리를 아직 처리하지 못하고 있어요. 도쿄전력은 원자로를 뚫고 녹아내린 핵연료가 핵 발전소 외부로 누출되지 않았을 것으로 파악하고 있어요. 그러나 일부 전문가들은 핵연료가 원자로를 받치는 콘크리트 방호벽의 균열을 통해 외부 지하수로 스며들 가능성도 제기하고 있어요.

핵 발전소 사고를 수습하려면 핵연료를 꺼내야 해요. 그런데 원자로에서 핵분열을 하다 나온 핵연료는 스스로 붕괴되면서 엄청난 열과 함께 방사성 물질을 쏟아내기 때문에, 아궁이에서 타고 남은 재를 꺼내듯 간단하게 수거할 수 없어요. 도쿄전력이 할 수 있는 일이라고는 핵연료를 식히기 위해 원자로 안에 물을 부었다가 다시 물을 빼내는 일종의 냉각 과정을 반복하는 것뿐이에요.

후쿠시마 핵 발전소에서는 하루에 160톤 이상의 방사능 오염수방사성 물질이 섞인 물가 나오고 있어요. 그중 일부는 녹아 버린 핵연료와 핵폐기물이 뒤엉킨 원자로를 식히기 위해 들어갔다 나오는 냉각수이고 나머지는 방사능에 오염된 빗물과 지하수예요. 핵 발전소 아래를 흐르는 지하수가 콘크리트 방호벽 균열 틈새로 들어갔다 나오면서 방사능에 오염되는 것으로 추정하고 있지만 정확한 위치는 파악하지 못하고 있어요. 도쿄전력은 방사능 오염수를 1000여 개의 커다란 탱크에 담아 핵 발전소 부지에 저장하고 있는데 지난 10여 년간 모은 방사능 오염수가 130만 톤에 달해요.

2021년 8월, 일본 정부는 방사능 오염수를 바다에 버리겠다고 발표했어요. 더 이상 핵 발전소 부지 안에 방사능 오염수를 저장할 땅이 없다는 거예요. 사실 땅이 부족하다는 주장은 근거가 부족해요. 후쿠시마의 항공사진을 보면 핵 발전소 주변 수십 킬로미터 안에 못 쓰는 땅이 남아 있어요. 방사능에 오염되어 사람이 거주할 수 없는 귀환 불능 지역이에요. 이런 땅을 국가가 사들여 국유화한 뒤 방사성 물질을 임시 보관하는 장소로 쓸 수 있어요. 방사성 물질을 효과적으로 제거할 수 있는 기술이 개발될 때까지 시간을 버는 거지요. 근본적인 해결책은 아니지만 해양 방류라는 극단적인 선택보다 더 나을 수 있어요. 그러나 일본 정부는 육상에서 임시 보관하는 대신 돌이킬 수 없는 해양 방류를 선택했어요.

일본 정부가 발표한 해양 방류의 방법은 2023년부터 30년 동안 방사능 오염수를 후쿠시마 앞바다에 버리는 거예요. 간단히 말해 태평양에 버리겠다는 거예요. 물론 일본 정부는 버리기 전에 그 안에 든 방사성 물질을 처리하겠다고 해요. 하지만 일본 정부가 첨단기술을 이용해 처리했다고 하는 방사능 오염수의 70퍼센트 이상에서 방사성 물질이 다량 검출되고 있어 일본 정부의 말을 믿기 어려워요.

이렇게 처리한 방사능 오염수를 일본 정부는 처리수라고 부르고 있어요. 처리수는 방사능을 처리했다는 느낌을 주는데 사실 방사성 물질을 제거하는 것이 말처럼 쉬운 일이 아니에요. 특히 방사성 물질 중 하나인 삼중 수소는 물속에서 다른 수소와 구별이 잘 안 되기 때문에 제거하기가 힘들어요. 100만 톤 이상 되는 방사능 오염수를 안전하게 처리하는 것은 현재로서는 불가능해요.

방사능 오염수에 포함된 대량의 방사성 물질은 처리한다고 사라지는 것이 아니에요. 이것들은 공기 중에 흩어지고 흙에 남겨지며 빗물을 따라 지하수로 들어가고 바닷물과 만나 희석될 뿐이에요. 핵 발전소가 쏟아내는 방사성 물질은 핵폐기물이 되어 짧게는 수십 년 길게는 수만 년 동안 사라지지 않아요. 핵폐기물은 하늘과 땅과 강과 바다를 오염시키고 생태계의 먹이사슬로 소리 없이

들어가 우리의 밥상과 생명을 위협할 수 있어요.

세상의 바다는 하나로 연결되어 있어요. 후쿠시마 앞바다에 버려진 방사능 오염수는 돌고 돌아 언젠가 제주도 앞바다를 거쳐 동해와 서해로 들어올 거예요. 후쿠시마 핵 발전소 사고는 아직 끝나지 않은 현재 진행형이에요.

2장
세상을 움직이고 만드는 에너지,
석유

플랑크톤이 **석유가 되었다고?**

석유는 죽은 생물로부터 만들어져요. 생물의 사체가 쌓이고 쌓여 땅속에서 오랫동안 높은 열과 압력을 받아 생겨난 것이 석유예요. 석유의 대부분은 중생대2억 5100만 년~6600만 년 전 때 만들어졌어요. 이때 만들어진 석유의 절반 이상은 사우디아라비아와 이란, 이라크 등 중동 지역의 산유국석유를 생산하는 나라에 매장되어 있어요.

중생대는 공룡의 시대예요. 중생대 초기에 나타난 공룡은 신생대가 열리기 전까지 1억 년 넘게 지구를 누볐어요. 그렇다면 궁금해요. 석유가 생물의 사체로부터 나오고 대부분의 석유가 중생대 때 만들어진 것이라면, 중생대를 대표하는 생물인 공룡이 석유가 된 것은 아닐까요? 만약 중동 지역의 석유가 공룡의 유산이라면, 우리나라에 서식했던 공룡들도 어딘가에 석유를 남기지 않았을까요?

결론부터 말하면, 공룡은 석유가 되지 못했어요. 어느 지역이든 공룡은 석유를 남기지 않았어요. 수백만 년 동안 아메리카 대륙을 활보했던 수십억 마리의 티라노사우루스 역시 1리터의 석유도 남기지 않고 사라졌어요. 물론 우리나라 동해 가스전에서 석유와 천연가스가 조금 나오긴 했지만, 이건 공룡이 남긴 석유가 아니에요. 공룡이 석유가 되지 못한 결정적인 이유는 공룡이 죽어서 바로 썩어 버렸기 때문이에요. 육상 동물인 공룡이 죽으면 지하에 묻히기도 전에 땅 위에서 썩어요. 생물의 사체가 석유가 되려면 산소가 없는 곳에서 천천히 변화의 과정을 겪어야 하는데, 공룡의 사체는 육지에서 금세 썩어 버려 아무것도 남기지 못했어요. 그럼, 중동 산유국의 그 많은 석유는 도대체 어떤 생물이 죽어서 만들어진 걸까요?

정답은 해양 플랑크톤이에요. 사실 중동 지역은 오랫동안 육지가 아니라 바다였어요. 중생대를 거치는 동안 중동 지역은 대부분 바다였고 공룡이 살기 힘들었어요. 반면에 중생대의 따뜻한 기후 속에서 해양 플랑크톤은 크게 번성했어요. 폭발적으로 번식한 해양 플랑크톤이 죽은 뒤 물속에 가라앉았어요. 물속은 공기가 거의 없기 때문에 플랑크톤이나 갑각류, 물고기 등이 금방 썩지 않았어요. 해양 생물들의 사체가 바다 밑에 켜켜이 쌓이고 땅속에 묻혀 높은 열과 압력을 받으며 천천히 석유와 천연가스가 되었어요. 이후 세월이 흘러 바다 밑에 있던 중동 지역의 땅이 솟아올랐어요. 사우디아라비아와 이란, 이라크 등도 이때 생겨났고 이들 나라들은 석유 부자가 되었어요.

의약품의 재료가 된 **석유**

인류가 석유를 발견해 사용하기 시작한 것은 수천 년 전이에요. 처음에는 방수 목적으로 사용했어요. 빗물이 스며들지 않게 벽과 지붕에 석유를 바르고 배에도 칠했어요. 이것을 역청이라고 해요. 역청은 검은색의 끈적끈적한 액체인데, 자연 상태의 석유에서 휘발 성분이 날아가고 남은 찌꺼기예요.

역청은 처음엔 무르지만 점차 굳으면서 단단해지는 성질이 있어요. 『성경』에 나오는 바벨탑을 쌓을 때 역청을 사용했다는 기록이 있어요. 이집트의 미라를 만들 때에도 역청이 사용되었어요. 역청은 공기와 물을 차단시켜 시신이 썩지 않게 했어요. 건물을 짓고 배를 만들고 시체를 보존할 때도 사용했어요.

그런가 하면 역청은 의약품처럼 쓰이기도 했어요. 석기 시대 유골 중에는 치아의 안쪽을 긁어내고 그 자리를 역청으로 때운 것도 있어요. 고대 로마와 페르시아에서 역청을 눈과 피부의 질병을 치료하고 기침과 천식을 멈추기 위해 사용했다는 기록도 있어요. 마르코 폴로의 여행기 『동방견문록』에도 석유를 사람과 낙타의 상처 난 곳에 바르면 좋다는 대목이 나와요. 아메리카 원주민은 역청을 대지의 피라고 부르며 만병통치약으로 사용했다고 해요. 피부 보습제로 자주 사용되는 바셀린이 석유 찌꺼기로 만들어지고, 아스피린이나 타이레놀 같은 현대 의약품에 석유가 들어간 데에는 이런 역사적 배경이 있어요.

벤자민 실리만 교수의 **보고서**

석유는 오랫동안 건축 재료와 의약품으로 쓰이고 횃불을 밝히기도 했지만 생활필수품은 아니었어요. 특히 불을 밝히는 조명용 연료로 쓰이기 시작한 것은 1800년 중반에 등유 램프가 보급되면서부터였어요. 등유lamp oil는 등불을 밝히는 기름이라는 뜻인데, 석유 안에 들어 있는 여러 화합물 중 하나예요. 램프용 등유 수요가 크게 증가하자 등유는 곧 공급 부족에 시달리게 되었어요. 조지 비셀미국 석유 산업의 아버지이 등장한 것은 이맘때였어요.

비셀은 뉴욕 월스트리트의 주식 투자 전문 변호사였어요. 1853년, 비셀은 몸 상태가 좋지 않아 건강을 돌봄 겸 고향에 들렀다가 우연히 대학 시절 교수님의 사무실에서 등유가 든 유리병을 발견했어요. 비셀은 교수님으로부터 등유가 타면서 밝은 빛을 낸다는 이야기를 듣는 순간 머릿속에 비상한 생각이 떠올랐어요. 석유를 개발한다면 큰돈을 벌 수 있겠다고 말이에요.

1800년대 중반은 미국의 산업이 빠르게 성장하던 때였어요. 저녁 시간에도 활동하는 사람들이 크게 늘었고 그 어느 때보다 불을 밝히는 조명용 연료가 필요했어요. 하지만 값싸고 질 좋은 연료는 구하기 힘들었어요. 많은 사람이 사용하던 양초는 저렴했지만 불빛이 약한 데다 깜빡거려 불편했어요. 자연 상태 그대로의 석유는 그을음이 많이 나고 악취가 심해 쓸 수가 없었어요. 향유고래에서 얻는 고래기름은 그을음이 적고 불빛도 밝았지만 부유층만 사용할 수 있을 정도로 비싸고 공급량도 부족했어요.

당시 전 세계 고래잡이배의 75퍼센트를 보유하고 있던 미국도 늘 공급 부족에 시달렸어요. 그 때문에 향유고래는 멸종 위기에 처하기도 했어요. 석유가 개발되면서 고래기름에 대한 수요가 줄고 향유고래가 다시 늘었다는 주장도 있어요. 석유가 향유고래의 멸종을 막았다는 것인데 믿거나 말거나예요.

비셀은 석유를 대량으로 생산할 수 있다면 고래기름을 대체할 수 있을 거라고 생각했어요. 석유에서 등유를 뽑아내는 것은 어려

▶ 조지 비셀(왼쪽)과 벤자민 실리만(오른쪽) 모습.

운 기술이 아니었기에 석유를 충분히 확보하는 것이 무엇보다 중요했어요. 석유 사업의 가능성을 발견한 비셀은 일단 석유회사를 차리는 한편 미국의 유명 화학자인 예일 대학의 벤자민 실리만 교수에게 석유 샘플을 보내 성분 분석을 의뢰했어요. 1855년, 실리만 교수는 아주 싸고 단순한 방법으로 석유를 분류할 수 있을 뿐만 아니라 석유로 매우 다양한 화학제품을 만들 수 있다는 보고서를 제출했어요. 즉 석유는 다양한 화합물로 분류할 수 있고 한 방울도 버릴 게 없을 정도로 쓰임새가 많아 사업성이 매우 밝다는 내용이었어요.

실리만 교수의 분석은 정확했어요. 자연 상태 그대로의 석유를 원유라고 부르는데, 원유에는 다양한 물질이 섞여 있어요. 이 물질들을 분류하는 방법은 끓이는 거예요. 원유를 가열하면 끓는점이 낮은 것부터 기화되어 나와요. 이때 기화되어 나오는 물질을 순서대로 냉각시키면 종류별로 모을 수 있어요. 예를 들어 원유를 끓이면, 끓는점이 가장 낮은 석유가스가 먼저 나오고, 그다음으로 휘발유, 등유, 경유, 중유 순서로 나오다가 마지막에 석유 찌꺼기만 남아요. 이것을 분별 증류라고 해요. 오늘날의 석유화학 공업은 여기에 기초를 두고 있어요.

실리만 교수의 보고서는 본격적인 석유 산업 시대의 개막을 알리는 신호탄이 되었어요. 화학 분야 권위자의 보고서를 앞세워 비셀은 투자자를 설득하고 사업 자금도 마련했어요. 하지만 곧 난관에 부딪혔어요. 어디서 어떻게 그 많은 석유를 확보할 것인가. 그게 문제였어요.

석유를 채취하는
새로운 기술, 시추

석유를 발견한 초창기에 사람들이 석유를 얻는 방법은 바위 틈새나 땅 위를 흘러 구덩이에 고인 석유를 천으로 적셔 짜내는 거였어요. 또 다른 방법은 소금우물염정에서 불순물로 나오는 석유를 채취하는 거였어요. 과거에 바다였던 곳이 육지가 되면서 소금이 암석이 되었는데 이게 암염이고, 암염이 묻힌 곳이 소금광산이에요. 염정은 소금광산에서 소금물을 얻기 위해 우물처럼 땅을 파내려 간 시설이에요. 굴착 시설은 탑 모양으로 세우고 꼭대기에서 무거운 쇠막대를 땅에 내리꽂는 식으로 땅을 파내려 갔어요. 이런 방식을 시추라고 불러요. 탑 모양으로 세운 굴착 시설은 시추탑이에요. 시추탑을 세워 땅을 파내려 간 이 기술은 훗날 석유 시추 기술로 발전했어요.

염정을 파면 지하수와 만나 소금물이 올라오는데 이걸 끓이면 소금이 만들어져요. 그런데 염정을 깊게 파면 석유층과 만나 석유와 천연가스가 터져 나오는 경우도 있어요. 천연가스는 소금물을 끓이는 데 썼고 석유는 염정을 더럽히는 불순물이기 때문에 버렸어요. 간혹 시커멓고 끈적거리며 악취가 나는 석유를 거둬다가 끓여서 등유를 만들기도 했지만 그 양은 너무 적었어요.

이렇게 손으로 석유를 채취하는 방식으로는 석유 산업을 일으킬 수 없어요. 석유를 대량으로 생산할 수 있는 확실한 방법이 필요했어요. 이때 비셀의 머릿속에 염정의 시추탑이 떠올랐어요. 시추 기술로 석유를 캐내면 어떨까. 지금은 너무도 당연한 이야기지만 그때만 해도 염정을 파던 시추 기술을 이용해 석유를 채굴하겠다는 황당한 생각을 한 사람은 거의 없었어요.

석유(石油)는 영어로 Petroleum(페트롤리움)이에요. 돌(石, 석)을 의미하는 라틴어 Petra(페트라)와 기름(油, 유)을 뜻하는 Oleum(올레움)에서 이름을 따왔어요. 석유는 그야말로 돌에서 나오는 기름이에요. 바위나 땅 틈새에서 새어 나와 지면을 흐르다가 구덩이에 고이는 것이 석유인데, 이걸 생산하기 위해 땅을 뚫겠다는 비셀의 계획은 어리석어 보였어요. 게다가 비셀은 석유가 어디에 얼마만큼 그리고 어느 정도 깊은 곳에 묻혀 있는지 알지 못했어요. 비셀은 지리 전문가나 지질학자가 아니고 시추 기술자도 아니었어요. 투자자들은 치밀한 계획도 준비도 없어 보이는 비셀이 못 미더웠어요. 투자금을 잃을까 불안해진 투자자들이 항의하기 시작했어요. 하지만 비셀은 투자자들을 안심시키고 뚝심 있게 석유 탐사에 들어갔어요.

1857년 12월 미국 펜실베이니아주의 작은 마을 타이터스빌에 에드윈 드레이크 대령이 나타났어요. 드레이크 대령은 제임스 타운센트비셀의 동업자, 은행가가 석유 탐사 책임자로 추천한 인물이었어요. 사실, 드레이크는 퇴직한 철도 승무원으로 군대 근처에 가 본 적도 없는 가짜 대령이었어요. 타운센트는 그를 이 마을로 보내기 전 '드레이크 대령 귀하'라고 적힌 편지 몇 통을 부쳐 놨어요. 마을 사람들에게 드레이크에 대한 좋은 인상을 심어 놓으려는 의도였어요. 당시는 미국에서 남북 전쟁1861~1865이 터지기 몇 해 전이었어요. 사람들 사이에서는 군인에 대한 존경심이 높았고 퇴역 대령이라는 가짜 신분은 현장 지휘에 큰 효과가 있었거든요.

이듬해 봄이 되자 드레이크는 석유가 나올 만한 곳을 찾아다녔어요. 타이터스빌에는 이른바 오일 크리크oil creek라고 부르는 강이 있는데, 이름 그대로 강둑 여러 곳에서 석유가 새어나올 정도여서 강 주변은 탐사를 벌이기에 더없이 좋은 장소였어요. 그는 일단 구덩이를 깊게 파 들어가는 식으로 석유를 찾았어요. 하지만 구덩이가 자꾸 무너지고 원하는 만큼 석유도 나오지 않았어요.

드레이크는 방법을 바꿨어요. 비셀의 아이디어인 시추 방식으로 채굴을 시도했어요. 드레이크는 시추 경험이 없었지만 어릴 때 염정에서 시추 작업하는 것을 자주 보았기 때문에 굴착 방법을 아주 모르지는 않았어요. 드레이크는 기술자를 고용해 시추탑을 세우고 쇠막대에 드릴을 박아 땅을 파내려 가기 시작했어요. 증기기관을 연결해 무거운 쇠막대를 들어 올렸다 내려치는 충격으로 구멍을 팠어요. 하지만 생각보다 땅은 단단했고 작업 속도는 무척 더뎠어요. 그해 봄부터 겨울까지 드레이크는 시추 장비를 고치고 인부들을 독려하며 이곳저곳 뚫어 보았지만 석유는 나오지 않았어요. 그렇게 한 해를 보내고 이듬해가 되었지만 상황은 나아지지 않았어요. 일꾼들은 의욕을 잃었고 사업 자금을 대 주던 비셀과 타운센트도 지쳐 갔어요. 마을 사람들은 아무런 성과 없는 드레이크의 시추 작업을 '드레이크의 장난'이라고 부르며 조롱했어요.

1859년 8월 27일, 시추 드릴이 지하 20여 미터 지점을 파내려 갔어요. 드릴 끝이 석유층에 닿았어요. 하지만 일꾼들은 이 사실을 알아채지 못하고 퇴근 시간이 되자 오늘도 허탕을 쳤다며 일손을 놓고 돌아갔어요. 그런데 이튿날 시추 구멍을 살피러 나온 기술자 한 명이 기름이 둥둥 떠 있는 것을 발견했어요. 마침내 석유를 발견한 거예요. 공교롭게도 이날은 타운센트로부터 편지가 도착한 날이었어요. 편지에는 이게 마지막 송금이라며 모든 사업을 그만두고 철수하라는 명령이 들어 있었어요. 만약 편지가 며칠 먼저 도착해 시추 작업을 멈추었다면 드레이크는 석유를 발견하지 못했을 거예요.

시추 구멍에서 석유가 펑펑 올라왔어요. 석유를 담기 위해 드레이크는 마을의 모든 위스키통을 가져왔지만 턱없이 부족했어요. 마을 밖에서 위스키통을 동원하고 나무통도 새로 만들었지만 쏟아져 나오는 석유를 감당할 수 없었어요. 이때 드레이크가 석유를 담았던 배가 불룩한 나무통을 배럴이라고 부르는데 오늘날 석유의 양을 재는 단위가 바로 배럴1배럴=159리터이에요.

드레이크의 시추 구멍에서 석유가 발견되었다는 소식은 뉴욕으로 전해졌고 비셀은 서둘러 타이터스빌로 달려갔어요. 타이터스빌에 도착한 비셀은 거금을 들여 그 일대의 땅을 사들였고 본격적으로 석유를 개발하기 시작했어요. 비셀의 성공에 자극받은 투기꾼이 몰려들면서 작고 한적한 마을은 순식간에 흥분의 도가니가

▶ 수직 굴착식 시추라는 세계 최초의 석유 시추 기술을 발명한 에드윈 드레이크(오른쪽)의 모습.

되었어요. 타이터스빌을 중심으로 펜실베이니아주 수백여 곳에 시추탑이 세워졌어요. 수천 배럴에 불과하던 이 지역의 연간 석유 생산량은 곧 300만 배럴에 이르렀어요.

검은 황금이라 불리는 석유를 캐기 위해 많은 사람이 도전했지만 부와 명성을 동시에 거머쥔 자는 드물었어요. 석유 탐사를 이끈 비셀은 큰 부자가 되었고 미국 석유 산업의 아버지라는 명성도 얻었어요. 타운센트 역시 부자가 되었으나 드레이크는 궁핍해졌어요. 수직 굴착식 시추라는 세계 최초의 기술을 발명하고 또 현장에도 적용했지만 드레이크는 어떻게 된 일인지 이 기술에 특허를 내지 않았어요. 드레이크가 만약 자신의 기술에 특허를 냈더라면 그는 큰 부자가 되었을 거예요.

많은 이가 석유 탐사에 뛰어들어 특허료가 붙지 않는 드레이크의 시추 기술을 사용했어요. 그의 기술은 미국뿐 아니라 전 세계 석유 채굴 현장에서 개량되고 더욱 발전하여 오늘날 시추 기술의 원형이 되었어요. 드레이크는 석유로 번 돈을 석유 개발에 투자했다가 전 재산을 날렸어요. 드레이크야말로 석유로 흥하고 석유로 망한 최초의 사람일 거예요.

‘석유왕’ 존 록펠러를 바라보는 **서로 다른 시선**

석유 개발의 열기는 미국 전역으로 퍼졌어요. 드레이크의 시추가 성공한 이후 미국에서 생산되는 석유는 램프용 등유를 만들고 남을 정도로 충분했어요. 하지만 일확천금을 노리는 투기꾼들의 개입으로 등유는 공급 과잉을 겪거나 반대로 공급 부족을 겪었고 그때마다 가격은 널뛰기를 했어요.

또 등유의 안정적인 공급보다 더 큰 문제는 품질이었어요. 양초 제조업자뿐 아니라 빵을 굽는 사람까지 석유 사업에 뛰어들 정도로 시장은 과열 상태였고 등유의 품질은 들쑥날쑥했어요. 사람들은 여기저기 무분별하게 땅을 파헤쳤고, 그러다 석유가 발견되면

대충 정제해 팔았어요. 특히 휘발유가 섞인 저질 등유가 문제였어요. 휘발유는 석유의 한 부분으로 그 자체로 불순물은 아니지만, 쉽게 폭발하는 성질이 있어 등유에서 반드시 제거되어야 해요. 하지만 휘발유를 충분히 제거하지 않은 저질 등유가 시장에 유통되면서 폭발 사고가 끊이지 않았고 해마다 수천 명이 죽거나 다쳤어요.

석유 생산량은 예측이 불가능했고 이에 따라 가격도 급등과 급락을 반복했어요. 품질은 늘 뒷전으로 안중에도 없었어요. 이런 상황에서 존 록펠러는 석유를 탐사하고 개발하는 쪽보다는 석유를 정제하고 제품을 만들어 파는 쪽의 사업성이 밝다고 생각했어요.

1870년 록펠러는 정유 회사를 세우며 기업명을 '스탠더드오일'이라고 했는데, '스탠더드'라는 말 속에는 품질을 보장한다는 뜻이 있어요. 정유 회사는 석유에서 불순물을 제거하고 종류별로 분류하여 여러 석유 제품으로 만들어 파는 기업이에요. 록펠러의 판단은 옳았어요. 스탠더드오일은 품질을 앞세워 거침없이 정유시장을 장악해 나갔고 몇 해 뒤 미국 시장의 90퍼센트 이상을 장악했어요. 록펠러가 스탠더드오일을 설립한 지 불과 9년 만의 일이었어요. 록펠러는 훗날 석유왕으로 불리며 역사상 가장 큰 부자가 되었어요.

하지만 스탠더드오일의 엄청난 성과는 탁월한 전략과 품질 관리, 마케팅 등 정상적인 기업 활동만으로 얻어진 것이 아니에요. 록펠러는 정유 시장을 장악하기 위해 할 수 있는 모든 수단을 동원했어요.

등유 가격에 큰 부담을 주었던 철도 운송료를 줄이기 위해 당시 미국 철도망의 40퍼센트를 장악하고 있던 철도왕 코닐리어스 밴더빌트와 불법적인 할인 계약까지 맺었어요. 그 결과 스탠더드오일은 운송료를 할인받아 등유 가격을 크게 낮췄어요. 품질이 안정적인 데다 가격까지 싼 제품이 잘 팔리는 것은 당연했어요. 덕분에 고객이 늘고 판매량도 크게 늘었어요. 반대로, 운송료 할인을 받지 못한 다른 정유 회사들은 등유를 비싸게 팔 수밖에 없어 고객을 잃고 판매량도 뚝 떨어졌어요.

스탠더드오일은 여기에 만족하지 않고 은행 간부들에게 뇌물을 뿌렸어요. 스탠더드오일의 주식을 은행 간부들에게 헐값에 넘기고 그들을 스탠더드오일의 주주로 만들어 경쟁 회사에 돈을 빌려주는 것을 꺼리게 만든 거예요. 그러면서 동시에 경쟁 회사를 공격적으로 사들였고 이에 응하지 않을 경우 등유 가격을 터무니없이 낮추는 무제한 가격 할인 전쟁을 벌였어요. 자본이 부족한 경쟁 회사는 쓰러질 수밖에 없었어요.

▶ 록펠러가 설립한 스탠더드오일 정유소의 모습(1899년).

이런 방법도 통하지 않으면 협박을 했고 심지어 폭력도 휘둘러 경쟁자들을 무너뜨렸어요. 경쟁 회사들은 스탠더드오일의 주식을 받는 대가로 회사 경영권을 스탠더드오일에 넘겼는데 이렇게 만들어진 기업 집단을 트러스트라고 해요. 스탠더드오일은 거대 기업으로 성장했고 정유 시장을 독점하게 되었어요. 자기편만 남은 정유 시장은 록펠러 제국이라 부르기에 충분했어요. 이제 스탠더드오일은 가격 결정권을 손에 쥐었어요.

록펠러처럼 극단적으로 좋은 평가와 나쁜 평가를 동시에 받는 인물도 드물 거예요. 평생을 검소하고 근면하게 살았던 록펠러는 경영의 귀재였고 말년에는 노블레스 오블리주를 실천한 자선 사업가로 존경받았어요. 노블레스 오블리주는 프랑스어로 '귀족'이라는 의미의 노블레스와 '의무를 지다'라는 뜻의 오블리주가 합해진 말이에요. 그러니까 노블레스 오블리주는 귀족의 의무라는 뜻인데 부와 권력, 명예를 가진 사회 지도층이 그에 걸맞은 의무를 져야 한다는 거예요. 록펠러는 전 세계 대학 중 노벨 경제학상을 가장 많이 배출한 시카고 대학을 설립해 교육에 힘썼고 의학과 과학 발전에 크게 기여했어요. 또 록펠러 재단을 세우고 기업의 기부 문화를 주도해 노블레스 오블리주의 모범이 되었어요.

한편으로 록펠러는 역사상 가장 잔인하고 탐욕스러운 인물이라는 평가도 받았어요. 미국의 루스벨트 대통령이 '그 부를 가지고 얼마나 많은 선행을 했든지 간에 그 부를 쌓으며 저지른 악행을 보상할 수는 없다'고 했던 것처럼 그에 대한 평가는 극과 극이었어요.

스탠더드오일은 사업 규모가 커지면서 석유 탐사와 철도에도 손을 뻗어 생산에서부터 유통, 판매에 이르기까지 관련 사업을 망라하고 체계적으로 연결했어요. 제품도 다양화해 휘발유와 등유에서부터 윤활유와 아스팔트에 이르기까지 거의 모든 석유 제품을 생산했어요.

19세기가 끝나 갈 무렵 스탠더드오일은 이미 석유 산업과 동의어가 되었어요. 유럽과 미국의 산업이 팽창하던 시기에 소수의 기업이 산업을 독점하는 현상은 석유뿐 아니라 철강과 철도, 석탄, 소금 등 여러 산업 분야에서 나타났고 독점의 폐해는 사회 곳곳에서 터져 나왔어요. 예를 들어 스탠더드오일은 1872년부터 영국, 독일, 프랑스에 석유를 수출하기 시작해 전 세계 시장을 장악했는데 1870년대 후반부터는 가격을 크게 올려 막대한 이익을 거두었어요. 가격 결정권을 독차지했기에 가능했던 일이에요.

과도한 경쟁은 기업을 힘들게 하고 소비자를 혼란스럽게 하지만 반대로 독점은 경쟁 그 자체를 막기 때문에 시장을 사라지게 할 수도 있어요. 이러한 상황을 지켜본 루스벨트 대통령은 '셔먼 반독점법'을 근거로 이들을 심판대에 올리기 시작했어요. 존 셔먼 의원이 1891년 발의하여 법으로 제정되었지만, 독점 기업들의 로비에 막혀 한 번도 시행해 보지 못한 법이었어요. 이에 맞서 스탠더드오일은 화려한 변호인단을 방패 삼아 법망을 요리조리 빠져나갔어요. 하지만 1911년 미연방 대법원은 스탠더드오일이 시장을 독점하고 있다는 사실을 인정하고 6개월 안에 34개의 회사로 분리하라는 판결을 내렸어요. 록펠러가 스탠더드오일을 세운 지

42년 만의 일이었어요.

미연방 대법원의 명령에 따라 스탠더드오일은 수십 개의 기업으로 분할되었어요. 그중 엑슨, 모빌, 소칼은 미국의 텍사코와 걸프오일, 영국-네덜란드 합작 회사인 로얄 더치쉘과 영국의 BP브리티시 페트롤리움와 함께 이익집단카르텔을 형성하여 전 세계 석유 시장을 움직였는데 이들을 '세븐 시스터즈'라고 불렀어요. 엑슨과 모빌은 1999년에 합병하여 엑슨모빌이 되었고 소칼은 쉐브론상표명: 칼텍스으로 이름을 바꾸었어요. 스탠더드오일의 후예 중 대표 격인 엑슨모빌은 2011년 전 세계 기업 매출액 1위를 차지했어요. 이들은 상당히 오랫동안 자산과 매출액, 이익 규모에서 다른 기업을 압도했어요.

휘발유의 재발견과 **자동차 산업**

미국의 석유 산업은 램프용 연료등유를 찾으려는 비셀의 노력으로부터 시작되었어요. 타이터스빌에서의 성공 이후 등유는 가정과 일터를 밝히는 등불이 되었어요. 어떤 이는 등유 덕분에 밤에도 낮처럼 활동할 수 있게 되어 사람의 수명이 그만큼 길어졌다고 말하기도 했어요. 고래기름을 급속도로 대체한 등유는 사람들이 가장 사랑하는 등불이 되었어요. 하지만 등유만으로는 비대해진 석유 산업을 지탱하기 어려웠어요.

석유 개발로 한몫 잡으려는 투기꾼들의 과도한 경쟁으로 걸핏하면 공급 과잉이 이루어져 가격이 급락하는 일이 발생했어요. 그런데 가격 급락으로 경영 상태가 악화돼 문을 닫는 석유 업체가 늘어나는 것보다 더 큰 걱정거리가 있었어요. 백열전구의 발명으로 등유 소비가 점차 줄어들어 석유 산업 전체가 위축되는 거였어요. 미래에도 석유 산업이 살아남으려면 새로운 아이템이 필요했어요. 그런데 구원군은 의외로 가까이에 있었어요. 바로 휘발유였어요.

휘발유는 가솔린gasoline이라고도 부르는데 석유를 분별 증류할 때 석유가스 다음으로 분리되어 나오는 기름이에요. 휘발유는 폭발 위험이 높아 이때까지 사람들은 난방용으로 조심스레 쓰거나 화학 약품 제조에 조금씩 사용하던 게 전부였어요.

잦은 폭발 사고로 천덕꾸러기 취급을 받던 휘발유의 진가를 알아본 사람들은 유럽의 엔진 개발자들이었어요. 독일의 고트리브 다임러는 휘발유가 물보다 낮은 온도85도에서 끓기 때문에 쉽게 기화하고 기체 상태에서 폭발이 잘 일어난다는 사실에 주목했어요. 당시엔 이미 석탄으로 만든 가스석탄가스를 폭발시켜 동력을 얻는 엔진이 개발되어 있었지만 다임러는 휘발유의 폭발력이 더 좋다고 생각했어요. 다임러는 석탄가스 엔진을 개량하여 휘발유 엔진가솔린 엔진을 만들었어요. 그리고 1885년 빌헬름 마이바흐가 디자인한 자전거에 휘발유 엔진을 달았어요. 최초의 모터사이클상표명:

▶ 석탄가스 엔진을 개량하여 휘발유 엔진을 만든 다임러.

라이트바겐은 이렇게 만들어졌어요. 같은 해 칼 벤츠는 바퀴가 3개 달린 마차에 휘발유 엔진을 장착해 최초의 3륜 자동차상표명: 벤츠 페이턴트 모터바겐를 만들었어요. 이듬해인 1886년 다임러는 4륜 자동차를 만들어 오늘날 자동차의 원형을 만드는 데 성공했어요.

증기기관보다 작고 석탄가스 엔진보다 힘이 좋은 가솔린 엔진 덕분에 자동차 산업은 본격적으로 시동을 걸 수 있게 되었어요. 전기와 백열전구가 램프용 등유 시장을 시나브로 잠식해 나가던

찰나에 등장한 자동차는 석유 산업의 가장 큰 고객이 되어 가고 있었어요.

휘발유의 재발견을 계기로 석유 산업은 다시 활기를 찾았어요. 자동차가 많이 팔릴수록 그리고 사람들이 많이 탈수록 석유의 수요는 더욱 늘어났어요. 더욱이 1892년에는 아돌프 디젤이 자신의 이름을 딴 디젤 엔진을 개발했어요. 디젤diesel은 경유라고도 부르는데, 석유를 분별 증류할 때 휘발유 다음으로 분리되어 나오는 기름이에요. 디젤은 휘발유보다 끓는점이 높아 쉽게 폭발하지 않아요. 그리고 휘발유보다 큰 에너지를 내기 때문에 오늘날 대부분의 큰 차량은 디젤 엔진을 장착하고 있어요.

디젤까지 더해지면서 석유는 자동차의 에너지원으로 확실하게 자리매김했어요. 하지만 자동차를 제외하면 운송 수단에서 석유가 차지하는 비중은 크지 않았어요. 기차는 물론 대부분의 선박과 군함은 석탄을 태워 에너지를 얻었어요. 제1차 세계 대전1914~1918이 발발하기 전까지 운송 수단의 주요한 에너지 자원은 석탄이었던 거예요.

석유가
전쟁의 승패를 갈랐다고?

1904년 영국 해군 사령관에 임명된 존 피셔는 영국 함정의 연료를 석탄에서 석유로 바꿔야 한다고 주장했어요. 근거는 이랬어요. 우선, 석탄을 태우는 함정은 시커먼 연기를 내뿜어 수 킬로미터 밖에서도 적에게 발각되지만 석유는 연기가 적게 난다. 또 석탄을 함정에 공급하려면 수백 명이 투입돼 며칠 동안 작업해야 하지만 석유는 수십 명이 하루면 보급을 마칠 수 있다. 게다가 석유는 석탄보다 효율적이라 더 빠른 속도를 낼 수 있다. 결론은 석탄은 석유로 바꾸는 것만으로도 해군의 전투력이 올라간다는 거였어요. 하지만 피셔의 의견은 반대론자의 거센 저항에 부딪쳐 실현되지 못했어요. 반대론자 중에는 훗날 영국 수상에 오른 윈스턴 처칠도 있었어요.

영국은 산업혁명의 원동력이었던 석탄이 풍부한 나라예요. 질 좋은 석탄을 바탕으로 영국은 산업혁명을 일으켰고 함정에 안정적으로 연료를 보급할 수 있었어요. 반면 석유는 영국 밖에서 수입해야 하는 어려움이 있었어요. 석유의 장점은 분명했지만 석유 수송망이 확실하게 작동할 것인지 불분명한 상태였어요. 그러나 1911년 영국 해군 장관으로 취임한 처칠이 자신의 입장을 바꿔 피셔의 주장을 전격 수용해 함대의 연료 시스템을 석유로 바꾸라는 지시를 내렸어요. 처칠이 입장을 바꾼 큰 이유는 전쟁 준비 중인 독일이 해군력 강화에 나섰기 때문이에요.

처칠의 결정을 계기로 석유는 주요한 전쟁 물자로 떠올랐어요. 석탄에 의존하던 각종 수송 체계가 석유를 중심으로 바뀌기 시작했어요. 전쟁의 양상도 바뀌었어요. 전쟁에 동원되던 말과 기병대가 점차 사라지고 그 자리를 자동차와 장갑차, 비행기가 채워 나갔어요. 제1차 세계 대전에서 기병대가 차지한 비중은 10퍼센트가 넘었지만 석유를 에너지원으로 움직이는 기계가 그 자리를 대체하고 전쟁의 핵심으로 나서게 되었어요. 특히 1916년 후반부터 실전에 최초로 투입된 영국군 탱크는 석유로 구동되었는데 숱한 기술적, 구조적 결함이 있었지만 독일군에게 커다란 충격을 안겨 주었어요.

제1차 세계 대전은 석유의 중요성을 알리는 전쟁이었어요. 독일도 석유의 중요성은 알고 있었어요. 하지만 전쟁이 몇 년씩 장기화될 거라고 예상하지는 못했어요. 결국 전선이 크게 확대되면서 극심한 석유 부족을 겪어야 했어요. 반면에 영국은 미국을 포함한 연합국으로터 석유를 안정적으로 공급받았어요. 석유 부족으로 더 이상 전쟁을 치르기 어려워진 독일은 석유 확보에 모든 것을 걸었어요. 1918년 8월, 독일은 카스피해 연안에 위치한 최초의 석유 도시이자 한때 세계 석유의 절반을 생산했던 바쿠의 유전석유가 나는 곳 지대를 침공했어요. 그러자 영국군은 퇴각하면서 원유 시설과 정유 공장을 모두 폭파시켰어요. 석유 공급망이 모두 끊어진 상태에서 바쿠 유전에 마지막 희망을 걸었던 독일은 결국 그해 11월 연합군에 무릎을 꿇었어요.

석유는 제2차 세계 대전1939~1945에도 깊숙이 관여했어요. 이제 석유는 단순히 전쟁 물자를 넘어 전쟁의 승패를 가르는 가늠자가 되었어요. 전쟁을 수행하는 시스템이 석유를 중심으로 완전히 재구성되었기 때문에 원활한 석유 공급은 그 어느 때보다 중요해졌어요. 전쟁 전부터 '세븐 시스터즈'엑슨, 모빌 등 7개의 석유 기업 집단는 독일에 석유를 수출하고 있었는데, 전쟁이 터지자 미국과 영국 정부가 자국에 근거를 둔 이들 기업이 독일에 석유를 공급하지 못하도록 금지 조치를 내렸어요. 석유 수입이 막힌 독일은 동맹국 루마니아로부터 석유를 받아오는 한편 본격적으로 합성 석유를 생산하기 시작했어요. 합성 석유는 독일의 화학자 프리드리히 베르기우스가 고안했는데 온도와 압력을 높인 상태에서 석탄 가루에 수소를 첨가해 석유와 비슷하게 만드는 기술이에요. 여기에 적용된 베르기우스의 고온고압 기술은 다른 화학 분야에도 널리 쓰였는데 그 공적을 인정받아 1931년 카를 보슈와 함께 노벨 화학상을 받았어요.

베르기우스가 개발한 합성 석유는 제2차 세계 대전이 막바지로 치닫던 1944년에 독일군 전체 석유 사용량의 57퍼센트와 비행기 연료의 95퍼센트를 담당했다고 해요. 그러나 연합군은 이 합성 석유 공장을 찾아냈고 수백 대의 폭격기로 시설을 공격해 공장은 폐허가 되었어요. 석유 공급이 안팎에서 막히고 항공 연료도 바닥난 독일은 이듬해인 1945년 연합군에 항복할 수밖에 없었어요.

일본의 패망과 **석유의 상관관계**

1941년 12월 7일, 일본은 미국의 진주만을 기습 공격했어요. 태평양 전쟁의 시작이에요. 일본이 수천 킬로미터 떨어진 하와이 오아후섬의 진주만을 공습한 이유는 석유 때문이었어요. 미국은 진주만 폭격이 있기 4개월 전인 8월 1일 일본에 대한 석유 수출 금지 조치를 내렸어요. 그때까지 미국은 일본에 석유를 수출하고 있었거든요. 당시 일본은 석유의 60퍼센트 이상을 미국에 의존했어요. 그런데 미국이 석유 수출을 막고 나선 거예요. 석유 없이 전쟁을 치를 수 없었어요. 일본은 만일을 위해 1년 치의 석유를 비축해 두었지만 그것만으로는 부족했어요. 전쟁을 계속하려면 유전을 확보하는 것이 무엇보다 중요했어요.

일본은 진주만 폭격에 앞서 동남아시아에 위치한 보르네오섬의 유전을 점찍어 두었어요. 미국이 석유를 끊을 때를 대비한 거예요. 1941년 9월, 일본은 보르네오섬을 공격하기 위한 발판을 마련하기 위해 베트남 남부 지역을 점령했어요. 이때 하와이의 진주만에 주둔하고 있는 미국의 태평양 함대는 일본에게 눈엣가시였어요. 보르네오섬의 유전을 장악한다고 해도 일본으로 들어오는 석유 수송로를 태평양 함대가 막아 버리면 끝장이기 때문이에요. 일본이 진주만을 기습한 이유가 여기에 있어요. 태평양 함대에 심각한 타격을 가해 적어도 1년간은 힘을 쓰지 못하게 하려는 작전이었던 거예요.

태평양 함대가 입은 피해는 궤멸적 수준에 가까웠어요. 크고 작은 함선 18척과 비행기 180대 이상이 부서지고 군인 3400여 명이 죽거나 다쳤어요. 함선과 기지를 복구하는 데만도 상당한 시간이 걸렸어요. 미국에 입힌 피해만 생각한다면, 진주만 공습은 분명 성공적이었어요. 하지만 일본은 전략적으로 커다란 실수를 했어요. 석유 때문에 미국을 선제공격하는 무리수를 던졌지만, 무슨 이유에서인지 진주만에 있는 미군의 석유 저장 시설은 파괴하지 않았던 거예요. 석유는 일본뿐 아니라 미국에게도 절대적으로 필요했어요. 일본이 만약 진주만의 석유 저장 시설을 공격했다면 태평양 전쟁의 끝은 지금과는 다르게 알려졌을 거예요.

일본은 진주만을 폭격한 뒤 곧바로 보르네오섬을 공격해 유전을 장악했어요. 수년 전부터 보르네오섬에 주둔하고 있던 영국군과 네덜란드군은 퇴각하면서 유전의 주요 석유 시설을 모두 파괴했어요. 이후 일본은 석유 시설을 복구했지만 이는 영국 공군의 주요 표적이 되었어요. 태평양 함대는 일본으로 가는 바닷길을 막고 일본 유조선을 격침시켰어요. 힘들게 유전을 차지했건만 일본은 보르네오섬으로부터 충분한 석유를 보급 받지 못했어요. 석유가 바닥나기 시작한 일본이 패망하는 것은 시간문제였어요.

석유 중독에서 **벗어나기**

석유는 세상을 움직이는 에너지예요. 발전기를 돌리고 배와 비행기를 띄우고 자동차를 굴려요. 세상에 석유로 움직이지 않는 것이 없어 보여요. 일본 제일의 부자이자 세계적인 기업가인 손정의소프트뱅크 창업자는, 록펠러가 세상을 제패한 이유는 세상의 석유를 장악했기 때문이라고 했어요. 석유를 움켜쥔 자가 세상을 지배한다는 거예요. 세계는 두 번의 세계 대전을 통해 석유의 중요성을 또다시 깨달았어요. 지난 100여 년 동안 석유를 움켜쥐기 위해 미국과 중동의 나라들은 치열하게 싸우고 또 전쟁도 벌였어요. 하지만 석유는 무한정 샘솟는 자원이 아니에요. 언젠가 고갈될 유한 자원이에요.

“나의 아버지는 낙타를 탔고 나는 슈퍼카를 타고 나의 아들도 슈퍼카를 타겠지만, 나의 손자는 다시 낙타를 타게 될 것이다.” 석유 수출로 엄청난 부를 축적한 중동의 두바이 국왕이 한 말이에요. 석유로 세상을 제패한 스탠더드오일조차 늘 석유 고갈에 대한 심리적 부담을 안은 채 사업을 했다고 해요. 그러나 오늘날 석유는 부족하지도, 당분간 고갈될 우려도 없어요.

지금까지 인류가 사용한 대부분의 석유는 지층에 액체 상태로 고여 있는 석유였어요. 그런데 석유는 바닷가의 모래와 섞여 있기도 하고, 지하 수 킬로미터의 암석 틈새에 박혀 있기도 해요. 이것을 각각 타르샌드, 셰일오일이라고 해요. 사실 이런 석유가 지층에 있는 것보다 더 많아요. 하지만 이런 종류의 석유는 깨끗하게 뽑아내기 어렵기 때문에 과거에는 채굴하지 않았어요. 그런데 최근에 석유 추출 기술이 발전하면서 타르샌드와 셰일오일의 채굴량이 늘고 있어요. 채굴 가능한 석유 매장량도 덩달아 크게 늘었어요. 석유 고갈 문제가 해결되어 기뻐해야 할 거 같지만 문제는 그게 아니에요. 석유가 기후 위기를 일으키기 때문이에요.

석유는 석탄, 천연가스와 마찬가지로 화석 연료예요. 화석 연료를 태우면 온실가스온실기체가 나와요. 온실가스는 공기로 만든 담

▶ 미국 서부 텍사스의 한 유전 모습.

요와 같아서 태양 에너지를 품어 지구의 평균 기온을 올려요. 지구 온난화가 이것이에요. 급격한 지구 온난화는 이상기후를 일으키고 기후를 변화시켜요. 최근에는 기후 변화를 넘어 기후 위기를 일으키고 있어요. 기후 위기를 막기 위해서는 화석 연료의 사용을 줄여야 해요. 인류가 석유 사용을 줄이지 않고 이대로 계속 석유를 태운다면 인류는 영영 기후 위기에서 벗어나지 못할 거예요. 하지만 석유 사용을 줄이는 것은 쉬운 문제가 아니에요.

석유는 세상을 만드는 에너지이기도 해요. 석유는 자동차를 움직이는 에너지이지만, 자동차를 만드는 원료이기도 해요. 자동차에 들어가는 플라스틱과 비닐, 의자와 바퀴 모두 석유로 만들어져요. 심지어 자동차의 철제 프레임을 만들 때에도 석유가 필요하고 각종 부품과 완성된 차량을 운반할 배와 트럭에도 석유가 필요해요. 옷과 신발은 물론 냉장고와 텔레비전, 집과 학교, 컴퓨터와 스마트폰, 화성으로 보내는 인공위성에 이르기까지 석유의 손길이 닿지 않은 것이 없어요. 석유 사용을 무작정 줄이기 어려운 이유예요.

우리는 과도하게 석유에 의존하고 있어요. 온실가스 배출을 줄이고 기후 위기를 막는 최선의 방법은 물론, 석유를 캐지 않는 거예요. 그다음은 석유 소비를 줄이는 거예요. 가정과 기업에서 석유를 덜 태우고 덜 사용하는 방식으로 우리의 삶을 전환할 수 있어요. 유럽을 중심으로 세계 각국은 내연기관휘발유 엔진, 디젤 엔진을 전기 모터로 바꾸고 플라스틱과 비닐의 사용을 줄여 나가고 있어요. 세상은 석유 중독에서 벗어나려 애쓰는 중이에요. 인류는 석유나 석탄, 천연가스 같은 화석 연료를 땅에 묻어 둔 채 태양과 바람과 물을 이용한 재생 에너지로 나아가고 있어요.

부정할 수 없는 것은 우리가 아직 석유 시대를 살아간다는 거예요. 석유가 떠받들고 있는 문명을 우리 스스로 끝내지 않으면, 기후 위기에 휘말려 강제로 끝나게 될 수도 있어요. 인류의 지혜를 모아야 할 때예요.

3장
역사적 소명을 다한 에너지,
석탄

영국에서 산업혁명이 가장 먼저 일어난 이유

1750년대까지만 해도 유럽은 아시아의 주변 국가에 머물렀어요. 전 세계 부의 80퍼센트가 중국과 인도를 포함한 아시아에 몰려 있었어요. 인구와 경제 규모 면에서 유럽은 아시아의 변두리였어요. 그런데 산업혁명은 당시 세계의 중심인 중국이 아니라 유럽에서 일어났어요. 그것도 유럽 대륙이 아닌 작은 섬나라 영국에서 먼저 일어났어요. 세계사의 중심에서 멀찌감치 떨어져 있던 영국에서 산업혁명이 가장 먼저 일어난 이유가 무엇일까요. 바로 석탄 때문이에요. 물론 증기기관을 앞세운 생산성 혁신과 이를 뒷받침한 사회문화의 영향도 크겠지만, 풍부한 석탄의 역할을 무시할 수 없어요.

증기기관은 기본적으로 물을 끓이는 장치예요. 물을 끓이기 위해 열을 낼 수 있는 것이면 무엇이든 증기기관의 연료가 될 수 있어요. 초기의 증기기관은 나무로 만든 목탄을 이용하기도 했어요. 나무를 태우려면 숲이 필요해요. 팽창하는 제조업을 따라잡기 위해 목탄을 증기기관의 연료로 계속 이용했다면 영국의 숲은 아마 남아나지 않았을 거예요. 우연인지 필연인지 영국은 석탄을 쉽게 구할 수 있는 나라였어요.

물론 석탄이 영국의 독점적인 자원은 아니에요. 아시아와 북미, 유럽 대륙에도 대규모의 석탄이 묻혀 있어요. 미국과 중국에 묻혀 있는 석탄은 전 세계 매장량의 절반이나 돼요. 하지만 영국은 힘들여 땅을 파내려 가지 않아도 석탄을 긁어모을 수 있는 노천 탄광이 많이 있었어요.

석탄은 석탄기라고 부르는 고생대5억 4100만 년 전~2억 5200만 년 전의 특정 시기에 만들어진 광물이에요. 3억 년 전, 석탄기의 따뜻한 기후와 35퍼센트에 달하는 높은 산소 농도현재는 21퍼센트는 거대한 식물이 진화할 환경을 조성했어요. 키가 수십 미터에 달하는, 고사리 비슷하게 생긴 양치류가 거대한 숲을 이루었어요. 석탄기에는 이런 식물을 분해할 만한 미생물이 아직 진화하지 않았기 때문에 식물이 쓰러지거나 죽어도 썩지 않았어요. 지금처럼 미생물이 죽은 식물을 먹어 치운다면 석탄은 만들어질 수 없어요. 석탄기는 석탄이 만들어지는 완벽한 조건을 갖추고 있었어요. 덕분에 육지를 덮었던 식물은 그대로 지하에 묻혔어요. 그리고 적당한 열과 압력을 받아 두터운 석탄층이 되었어요.

석탄을 처음 사용한 나라는 아마 중국일 거예요. 중국은 기원전 600년쯤부터 석탄을 사용했다고 해요. 철을 녹이기 위해 석탄을 태웠어요. 마르코 폴로는 『동방견문록』에 중국인이 오래전부터 석탄을 사용했다고 적었어요. 고대 로마에서도 대장간에서 석탄을 의미하는 '검은 돌'을 사용했다는 기록이 나와요. 하지만 석탄을 먼저 태운 것은 세계사에서 큰 의미가 없어요. 오히려 풍부한 석탄과 이를 지속적으로 태우는 산업 구조를 갖추고 있는지가 중요해요. 영국은 이 조건을 모두 갖추고 있었어요.

석탄으로 돌아가는 증기기관은 방적기와 방직기의 생산성을 비약적으로 혁신시켰어요. 섬유 산업의 성공은 주변 산업을 발전시켰는데 특히 운송업의 성장을 이끌어 냈어요. 1807년에 로버트 풀턴이 최초의 증기선을 발명했어요. 증기기관을 배에 장착한 증기선은 강과 바다에서 원료와 상품을 운반했어요. 1814년에는 조지 스티븐슨이 만든 증기기관차가 나왔어요. 1825년에는 증기기관

▶ 조지 스티븐슨이 개발한 초기의 증기기관차.

차가 석탄을 싣고 최초의 석탄 수송 철도를 20여 킬로미터 달려 당시의 중요한 운송수단인 마차를 대체하기 시작했어요. 1830년에는 최초의 상업용 여객 철도인 리버풀-맨체스터 노선에 증기기관차가 투입되었어요.

증기기관은 복잡해 보이지만 어려운 기술이 아니에요. 영국인의 특성에 맞는 독특한 기술도 아니에요. 그런데 영국은 증기기관을 만들고 더 나아가 증기선과 증기기관차도 만들었어요. 수천 킬로미터의 철도를 깔고 운하를 팠으며 바다로 진출했어요. 이 모든 것이 영국의 기술력이 다른 나라에 비해 월등해서 일어난 일이 아니에요. 사실 프랑스는 1600년대 후반에 이미 증기기관과 비슷한 기계를 발명했고 증기선을 만들어 운항을 시도한 적이 있다고 해요. 어쩌면 영국보다 프랑스의 기술력이 앞섰다고 볼 수 있어요. 그럼에도 프랑스의 산업혁명은 그로부터 100년 뒤에 일어났어요. 기술력이 산업혁명의 유일한 조건은 아니라는 거예요.

핵심은 사회적 분위기예요. 중국은 증기기관이든 증기기관차든 새로운 기술 자체에 관심이 없었어요. 강력한 왕권을 바탕으로 사회가 안정적으로 돌아가고 있었기 때문이에요. 물론 이 말이 그때가 살기 좋은 세상이었다는 뜻은 아니에요. 다만, 사회가 변화에 대한 필요성을 느끼지 못했다는 거예요. 프랑스는 지배층이 새로운 기술에 관심을 보이고 투자에도 열심이었지만 그 이상으로 통제와 간섭도 심했어요. 이는 기술 개발에 부정적인 영향을 끼쳤어요. 또한 프랑스는 도시의 대규모 공장이 아니라 소규모로 양털을 가공하는 농촌의 모직물 공업이 활발했어요. 따라서 도시의 공장과 항구를 연결하기 위한 증기기관차의 제조와 철도 건설의 필요성도 적을 수밖에 없었어요.

반면에 영국은 농촌이 붕괴되어 도시로 몰려든 저임금의 노동자를 적극적으로 고용해 공장을 가동시켰어요. 자본가들은 직물 공장에 증기기관을 장착해 생산성을 더욱 향상시켰어요. 식민지 인도에서 강제로 경작한 면화를 맨체스터의 공장에 공급했고, 여기서 가공된 면직물을 다시 인도 시장에 내다 팔았어요. 이들은 철도와 운하에 대규모 자본을 투자해 육상 경로와 수상 경로를 개척해서 물류 혁신에 가속도를 붙였어요. 탄광과 공장은 쉴 새 없이 돌아가고 증기선과 증기기관차는 잿빛 하늘에 시커먼 연기를 토해 냈어요.

간단하게 말하면, 농촌 사회의 붕괴와 도시로의 노동자 유입, 증기기관의 도입과 생산성 향상, 식민지를 기반으로 하는 원료 수입과 시장 확보, 물류 혁신 등 다양한 사회적 배경 속에서 영국의 산업혁명이 일어났어요. 어느 한 가지만으로 영국의 산업혁명을 설명할 수 없겠지만 그 중심에 석탄이 있었다는 것은 부정하기 힘들어요.

철의 시대를 **열다**

석탄은 영국의 제철 산업도 일으켰어요. 영국은 오랫동안 나무로 만든 목탄을 이용해 철을 만들었어요. 잘 만들어진 목탄은 품질 좋은 철과 강철을 만들어 냈지만 문제가 생겼어요. 산업이 팽창하면서 철의 수요가 늘고 목탄 수요도 늘었는데 그 과정에서 목탄용 목재가 부족해져 목탄 가격이 비싸진 거예요. 이에 비해 석탄은 값싸고 풍부했어요. 목탄의 두 배 가까운 열을 내는 것은 덤이었어요. 하지만 석탄에도 단점이 있어요. 석탄을 이용하면 황과 같은 불순물이 들어가 철의 품질이 떨어지는 거예요. 불순물 때문에 석탄을 이용하지 못하는 문제는 제철 산업의 오랜 숙제였어요.

1700년대 초반 영국의 제철업자가 석탄의 불순물을 제거하는 방법을 찾아냈어요. 이 기술의 핵심은 1000도 이상의 고온에서 석탄을 가열해 그 안의 불순물을 제거하고 휘발 물질을 날리는 거예요. 이 과정에서 코크스가 만들어져요. 코크스는 불순물이 거의 없는 탄소로만 이루어진 물질이에요. 코크스를 태울 때 나오는 열과 일산화탄소가 철광석을 녹이고 산소를 제거해 철을 만들어 내요. 오늘날의 제철법은 여기에 기반을 두고 있어요. 이제 진정한 의미의 철기시대가 열린 거예요.

1800년대 이후 배를 만드는 재료가 점차 나무에서 철로 바뀌기 시작했어요. 제철 산업의 발달과 증기기관의 발전이 맞물리면서 증기선은 더 크고 훨씬 빨라졌어요. 돛을 올려 바람을 안고 달리는 범선도 많았지만 선박용 증기기관과 관련 기술이 개량되면서 범선은 시간이 흐를수록 증기선의 상대가 되지 않았어요. 석탄을 운반하는 나무 레일도 철제 레일로 교체되었어요. 1800년대 중반 이후 철도 건설이 대거 확대되면서 영국 전역에 1만 3000킬로미터에 달하는 철도가 놓이고, 철 생산량은 그 이전보다 1000배 증가했어요. 철도는 런던을 비롯해 영국의 각 지역을 연결했어요. 철도역 주변은 사람이 모여들어 인구 수십만 명의 대도시로 발달했어요. 탄광 지역의 맨체스터도 면직물 생산량의 증가로 도시가

▶ 1851년 영국 런던에서 열린 세계 박람회 모습.

크게 성장했어요. 철도 운임비는 과거 어떤 운송수단보다 상대적으로 저렴했어요.

1851년에 개최된 런던 박람회는 본격적인 철도 시대를 열었어요. 근대 최초의 세계 박람회였어요. 25개국이 참가해 1만 3000여 개의 전시물을 출품했는데, 면제품을 생산하는 기계도 박람회에 소개되었다고 해요. 전시가 열리는 5개월 동안 영국 전역에서 600만 명 이상이 방문을 했는데, 이는 당시 영국 인구의 3분 1에 해당한다고 해요.

박람회는 노동자를 비롯한 평범한 사람들이 런던을 방문할 수 있는 최초의 기회였어요. 큰 행사가 아니면 살던 곳을 벗어날 일이 거의 없었던 사람들이 특별열차를 타고 가족이나 친척, 친구들과 함께 런던을 다녀갔어요. 기차를 타고 가는 최초의 단체 여행은 이렇게 시작되었어요. 단체 여행의 경험은 축구 문화에도 커다란 변화를 불러왔어요. 토요일 오후면 여럿이 모여 축구 경기를 관람하고 상대방 연고지에서 경기를 치르는 원정경기를 보러 가게 된 거예요. 기차를 타고 전국으로 응원을 다니는 열성 팬들은 이렇게 탄생했어요.

석탄은 많은 일을 했어요. 가깝게는 증기기관부터 멀게는 축구에 이르기까지, 세상에 석탄의 열기가 미치지 않은 곳이 없어요. 석탄은 증기기관을 돌려 산업을 일으키고 경제를 성장시켰으며 자연을 극복하는 방법도 알려주었어요. 어쩌면 우리는 석탄이 만든 세상을 살아가고 있는지 몰라요.

석탄이 하지 않는 일

석탄이 만든 세상에 석탄이 하지 않는 일이 있다면 그것은 무엇일까요? 지구환경 보고서 『석탄아틀라스』에 그 내용이 자세히 나와 있어요.

우선 석탄은 자연환경을 보호하지 않아요. 세계 석탄 생산량 가운데 40퍼센트는 노천 광산에서 채굴돼요. 노천 광산은 석탄을 덮고 있는 토양 전체를 밀어내고 그 위의 풍경을 완전히 파괴해요. 미국 애팔래치아산맥은 노천 채굴 탓에 산봉우리가 완전히 사라졌고 골짜기는 석탄으로 뒤덮였어요. 시냇물은 산성화되어 주홍빛이 되었어요.

석탄은 생물다양성을 보호하지 않아요. 과거에 탄광의 갱도에서 지하수를 빼내는 작업은 증기기관의 몫이었어요. 오늘날에는 고출력의 펌프가 탄광에 들어가요. 하지만 물을 너무 많이 퍼내면 물의 흐름에 영향을 끼쳐요. 독일 라인강 부근의 노천 탄광은 60여 년 동안 서울 여의도 63빌딩 부피의 100만 배에 해당하는 지하수를 퍼냈어요. 과도하게 물을 퍼내면 지하수면이 낮아질 수 있어요. 그 결과 하천과 시냇물을 연결하는 샘이 사라지고 나무가 말라 죽으며 습지와 늪지가 파괴될 수 있어요. 서식지의 파괴는 희귀종을 비롯한 생물종의 다양성 감소로 이어질 수 있어요.

무엇보다 석탄은 기후를 가만 놔두지 않았어요. 석탄은 자연환경을 파괴하면서 생산되고 있어요. 석탄이 소비되는 과정에서도 검은 연기와 환경 유해 물질을 내뿜어요. 이때 많은 이산화탄소가 함께 배출되는데, 이산화탄소는 산소와 탄소가 결합한 거예요. 산소는 공기의 주성분이고 탄소는 석탄의 주성분이에요. 그래서 석탄을 태우면 공기 중의 산소와 석탄의 탄소가 결합해 이산화탄소가 만들어져요.

전 세계 이산화탄소 배출량의 43퍼센트는 석탄에서 나와요. 이산화탄소는 대표적인 온실가스로 지구의 평균 기온을 상승시켜요. 급격한 기온 상승은 지구 온난화에 가속도를 붙여 기후 변화를 일으키고, 더 나아가 기후 위기를 불러와요. 때문에 이산화탄소 배출을 최대한 억제해야 해요.

한국이
'기후악당'이 된 이유

석탄은 다른 에너지원에 비해 값싸고 매장량이 풍부한 연료예요. 많은 나라에서 전기를 만드는 주요 에너지원으로 석탄을 이용하고 있어요. 석탄 화력 발전은 석탄의 열에너지를 이용해 전기를 만들어요. 우리가 사용하는 전기의 상당량은 석탄 화력 발전으로 생산해요. 요즘은 태양광 발전이나 풍력 발전으로 전기를 공급하기도 하지만, 아직 전력의 상당 부분은 석탄 화력 발전에 의존하고 있어요. 예를 들어, 2020년 기준으로 중국은 전체 전력 생산량의 61퍼센트를 석탄 화력 발전소에서 생산했어요. 그 비중이 일본은 32퍼센트, 미국은 20퍼센트였고 우리나라는 44퍼센트에 달해요.

우리가 매일 사용하는 전기의 많은 부분이 석탄에서 만들어지고 있어요. 중세시대의 연금술사가 우리 시대에 나타나서 석탄으로 만든 전기를 다시 석탄으로 돌아가게 한다면 어떻게 될까요? 우리의 집과 학교, 카페와 빵집, 도시의 건물 들은 시커먼 석탄 가루를 뒤집어쓸 거예요. 지하철과 전기차, 전동 킥보드, 드론은 말할 것도 없고 스마트폰에서도 석탄 가루가 날릴 거예요.

석탄은 깨끗한 에너지가 아닌데 이렇게 많은 전기를 석탄을 태워 생산하는 이유는 뭘까요? 그건 다른 연료보다 석탄이 싸기 때문이에요. 하지만 석탄은 결코 값싼 에너지원이 아니에요. 석탄에 환경 개선 부담금을 제대로 매긴다면 석탄은 비싸질 거예요.

환경 개선 부담금은 환경 문제나 온실가스 배출 등의 문제를 해결하기 위해 소비자에게 부담시키는, 사실상의 세금이에요. 예를 들어, 우리나라는 2021년에 기후환경요금을 전기 요금에 포함시켰어요. 이건 전기 요금에 매기는 환경 개선 부담금이에요. 그런데 그 액수2021년 기준, 가구당 1,325원가 터무니없이 작아요. 독일의 기후환경요금은 우리보다 10배 이상 비싸요.

우리나라 전기 요금이 싼 원인 중 하나는 값싼 석탄에 있어요. 경제협력개발기구OECD 국가 중에서 전기 요금이 우리보다 싼 나라는 거의 없어요. 미국도 우리보다 비싸고 일본은 2.5배, 독일은

3배 이상 비싸요. 하지만 석탄 가격이 올라가면 전기 요금도 비싸질 수밖에 없어요. 우리나라의 석탄이 싸 보이는 것은 환경 개선 부담금을 제대로 부과하지 못해 생긴 착시 현상일 뿐이에요. 우리 정부가 석탄에 환경 개선 부담금을 정당하게 책정해 부과한다면 값싼 석탄이나 값싼 전기는 옛말이 될 거예요.

2013년에 영국의 석탄 발전소에서 만들어 낸 전기는 전체 전력량의 40퍼센트를 차지했어요. 그러나 2020년에 그 수치는 1.8퍼센트로 크게 줄었어요. 영국은 석탄 발전소의 대부분을 폐쇄하고 그나마 남은 3기의 석탄 발전기도 2024년까지 가동을 멈추기로 결정했어요. 이 같은 성과는 석탄 발전소를 유지하는 것보다 폐쇄할 때 얻는 이익이 더 크다는 사회적 공감대가 형성되었기 때문에 가능했어요. 물론 이 과정에서 일자리를 잃는 석탄 발전소 노동자에 대한 직업훈련과 적극적인 보상도 힘을 보탰지만, 더 이상 석탄 문제를 외면하기 힘들다는 판단도 한몫했어요.

석탄에 매겨지는 눈에 보이지 않는 환경 개선 부담금과 사회적 압박은 시간이 갈수록 커지고 있어요. 손해를 덜 보는 방법은 최대한 빨리 석탄 발전소의 가동을 멈추는 거예요. 머지않아 석탄 발전소는 좌초 자산이 될 가능성이 높아요. 좌초 자산이란 쉽게 말해, 이미 투자했으나 시장 환경의 변화 때문에 가지고 있으면 부채빚가 되는 자산이에요. 구멍이 뚫려 바다 밑으로 가라앉고 있는 배처럼 가지고 있어 봐야 손해를 보는 자산인 거죠. 석탄은 과거에 값싼 에너지원이었으나 이제는 각종 환경 개선 부담금 때문에 석탄 화력 발전에 큰 짐이 되고 있어요. 더 이상 결코 싸지도, 깨끗하지도 않은 에너지원이에요.

현재 우리나라는 12개 지역에 60기의 석탄 발전기가 운전 중에 있어요. 우리나라 발전소에서 배출하는 온실가스의 80퍼센트가 석탄 화력 발전소에서 나와요. 우리나라 석탄 화력 발전소를 영국처럼 폐쇄시키면 전기를 만드는 발전 분야의 온실가스 배출량을 한꺼번에 80퍼센트나 감축하는 효과가 있어요. 석탄은 다른 화석 연료보다 이산화탄소를 압도적으로 많이 배출하기 때문에 석탄 화력 발전소를 폐쇄하는 것이야말로 기후 위기를 막을 수 있는 가장 쉽고도 확실한 방법이에요.

전 세계는 이미 이 사실을 알고 있어요. OECD 소속의 에너지 자문기구인 국제에너지기구IEA는 2030년까지 모든 석탄 화력 발전소의 가동을 중지할 것을 강력히 권고했어요. 이에 맞춰 유럽의 여러 나라들은 2030년이 되기 전에 석탄 발전소의 문을 닫을 계획이에요. 벨기에는 2016년에 모든 석탄 발전소를 퇴출시켰어요. 프랑스2022년 예정와 영국2024년 예정, 스페인2025년 예정, 이탈리아2025년 예

▶ 인천시 옹진군에 있는 영흥 석탄 화력 발전소 전경.

정, 네덜란드2029년 예정도 폐쇄를 준비하고 있어요. 하지만 우리나라는 2050년까지 석탄을 태우기로 했어요.

우리나라는 2030년이 될 때까지 2018년에 배출했던 온실가스 배출량보다 40퍼센트를 줄여서 배출하겠다고 국제 사회에 약속한 바 있어요. 그 약속을 지키려면 2030년이 되기 전에 대부분의 석탄 발전소를 폐쇄해야 해요. 몇 년 남지 않았어요. 하지만 우리나라는 석탄 발전소를 닫기는커녕 더 짓고 있어요. 강원도의 삼척과 강릉에 짓고 있는 초대형 석탄 발전소가 그 증거예요. 여기에 더해 우리나라 금융기관들은 나라 밖의 석탄 발전소에 대규모 투자를 하고 있어요.

현재 석탄 발전으로 인한 1인당 온실가스 배출량의 국가별 순위에서 한국은 세계 2위예요. 우리나라가 '기후악당'이라는 국제적인 비난을 받는 이유예요. 세상은 석탄을 버리고 있는데 우리는 석탄을 껴안고 있어요. 시대를 역행한다는 것은 바로 이런 것이 아닐까요.

이카로스의 오만과 **탄소 포집 기술**

최근 이산화탄소를 모아 지하 깊은 곳에 가두는 탄소 포집 기술이 관심을 끌고 있어요. 이 기술은 공장 굴뚝이나 제조 공정에서 나오는 이산화탄소를 걸러 내 압축한 뒤 깊은 땅속에 매장하는 기술이에요. 전기차의 대명사인 테슬라를 설립한 일론 머스크는 탄소 포집 기술을 지구 온난화 문제를 해소할 게임 체인저라고 극찬하기도 했어요. 게임 체인저는 어떤 일의 흐름을 뒤바꾸는 인물이나 사건, 상품을 의미해요. 탄소 포집 기술은 특히 석탄 발전소나 제철소, 시멘트 공장, 정유 공장 등 전통적인 굴뚝 산업에서 관심을 갖고 있는 기술이에요.

하지만 탄소 포집 기술의 효과가 과대 포장되었다는 이야기가 전문가들 사이에서 나오고 있어요. 탄소 포집 기술은 공장의 굴뚝같이 이산화탄소가 집중적으로 배출되는 곳에서는 효과적일 수 있지만 화석 연료의 채굴과 가공, 운반 등 공정 전반에 걸쳐 적용하기는 어려워요. 실용성에 한계가 있다는 거예요. 또 포집한 이산화탄소를 압축하고 안전한 지층으로 이동시켜 매장하는 과정에서도 에너지를 소비하기 때문에 이산화탄소가 추가 배출될 수밖에 없어요. 비용은 많이 드는데 기술적 효과는 적은, 한마디로 가성비가 떨어지는 기술이에요.

탄소 포집 기술은 '먹는 다이어트'와 비슷해요. 이산화탄소를 마음껏 배출해도 기술로 해결할 수 있을 거라는 잘못된 신호를 줄 수 있어요. 이는 이산화탄소를 대량 배출하는 석탄 화력 발전소에 면죄부를 주어 수명이 다한 석탄 화력 발전소의 운전 시한을 늘리고 신규 석탄 화력 발전소의 착공을 허가해 주는 잘못된 결정으로 이어질 수 있어요. 탄소 포집 기술은 불확실한 기술이에요. 물론 기후 위기 극복에 필요한 기술은 연구 개발해야 하지만, 기술에 대한 막연한 기대나 과도한 집착은 오히려 역효과를 가져올 수 있어요.

그리스 신화에 이카로스 이야기가 있어요. 이카로스는 그리스의 뛰어난 발명가인 다이달로스의 아들이에요. 미노스 왕의 분노를 사게 된 다이달로스는 이카로스와 함께 크레타섬의 탑에 갇혔어요. 탈출을 계획한 다이달로스는 새의 깃털을 모아 밀랍을 발라 날개를 만들었어요. 그러고는 아들 이카로스에게 날개를 달아 주며 이렇게 말했어요. "너무 높게 날지 마라. 태양열에 밀랍이 녹을 테니. 너무 낮게 날지 마라. 바닷물에 날개가 젖을 테니." 하지만 이카로스는 새처럼 나는 것이 너무 신기한 나머지 아버지의 경고를 잊었어요. 이카로스는 하늘 높이 신나게 날아올랐어요. 너무 높이 날아 태양 가까이 다가간 이카로스의 날개가 그만 녹아내렸어요. 이카로스는 날개를 매단 채 하늘에서 떨어져 죽고 말았어요.

이카로스가 추락한 이유는 날개가 없어서가 아니에요. 오히려 날개 때문에 추락한 거예요. 탄소 포집이라는 개념은 분명 멋지지만, 기후 위기를 극복할 만능열쇠는 아니에요. 오히려 공기 중의 이산화탄소를 대량으로 그리고 효율적으로 흡수하는 것은 숲과 바다, 갯벌 같은 자연 생태계예요. 탄소 포집은 숲과 바다, 갯벌을 품은 대자연이 수억 년 동안 해 오던 일이에요.

인공적으로 기후 위기를 해결하려는 것은 기술의 가능성을 넘어선 낙관이자 오만일 수 있어요. 신기루 같은 기술이 실현되기를 기다리다 재생 에너지에 투자할 시간과 비용을 엉뚱한 곳에 허비

▶ 페테르 파울 루벤스가 그린 〈이카로스의 추락〉.

할 수 있어요. 자칫 기후 위기를 극복할 수 있는 골든타임을 놓칠 수도 있어요. 우리는 기술의 한계를 인정하고 좀 더 냉정해질 필요가 있어요.

수소 에너지는 **친환경 에너지일까?**

수소 에너지에 대한 관심도 탄소 포집 기술에 대한 관심과 비슷해요. 수소와 산소가 만나면 물이 만들어지면서 전기가 생겨요. 일종의 배터리인 연료 전지는 수소와 산소를 반응시켜 전기를 발생시키는 장치예요. 수소와 산소만 있으면 연료 전지를 만들 수 있어요. 산소는 공기 중에 21퍼센트나 있어서 쉽게 얻을 수 있어요. 반면에, 수소는 공기 중에 0.01퍼센트밖에 없어요. 원래 수소는 우주에서 가장 흔한 원소이고 태양의 절반도 수소예요. 하지만 지구 대기권에는 수소가 희박해요. 수소가 지구 중력을 벗어나 우주로 날아가 버릴 만큼 너무 가볍기 때문이에요.

수소는 석탄이나 석유, 천연가스 등의 화석 연료에 풍부하게 들어 있어요. 석유를 정제하는 과정에서 부산물로 얻기도 해요. 이것을 부생수소라고 하는데 그 양은 많지 않아요. 그래서 수소를 대량 생산하기 위해 천연가스에서 수소를 직접 분리하기도 해요. 하지만 이 방식에는 문제가 있어요. 육지와 바다에서 천연가스를 채굴하고 수소를 분리, 압축, 운반하는 모든 과정에서 이산화탄소가 발생하기 때문이에요. 천연가스는 태울 때 나오는 이산화탄소의 양이 석탄의 60퍼센트 정도라서 친환경 에너지처럼 보이지만, 온실가스를 배출하는 화석 연료라는 사실에는 변함이 없어요.

이렇게 화석 연료에서 얻어진 수소를 그레이수소라고 해요. 그레이수소를 생산하는 과정에서 탄소 포집 기술을 적용해 이산화탄소 배출량을 줄일 경우에는 블루수소라고 불러요. 하지만 탄소 포집 기술은 불완전한 기술이기 때문에 블루수소는 근본적으로 그레이수소라는 한계를 갖고 있어요.

수소는 화석 연료보다 물에 더 많이 들어 있어요. 물의 3분의 2가 수소예요. 물을 전기분해하면 수소를 얻을 수 있어요. 이때 사용하는 전기가 석탄이나 천연가스에서 나온다면 물에서 얻은 수소라 해도 친환경으로 보기 힘들어요. 수소를 얻는 최선의 방법은 태양광이나 풍력 등 재생 에너지에서 얻은 전기로 물을 분해하는 것이에요. 이것은 재생 에너지에 의한 수水전해 시스템인데 여기서 얻어지는 수소를 그린수소라고 해요. 수전해 시스템은 세계 각국에서 연구 개발 중이며 2030년까지 영국은 10기가와트핵 발전소 10기 발전용량, 프랑스는 6기가와트, 독일과 포르투갈은 각각 5기가와트의 생산 설비를 구축할 예정이에요.

수소 에너지를 활용하는 방안 중에 수소 전기차가 있어요. 수소 전기차는 기본적으로 전기차이기 때문에 전기로 움직여요. 다른 점은 전기차에는 배터리가 들어가지만 수소 전기차에는 연료 전지가 들어가는 거예요. 둘 다 전기로 모터를 돌리기 때문에 이산화탄소를 거의 배출하지 않아 친환경 차량처럼 보여요. 하지만 좀 더 자세히 들여다보면, 이들 차량은 엄밀한 의미에서 친환경이 아닐 수 있어요.

전기차를 충전시키는 전기가 석탄 화력 발전소에서 나온 것이라면 전기차의 친환경 이미지는 퇴색될 수밖에 없어요. 예컨대, 폴란드는 전력의 80퍼센트를 석탄에 의존해요. 만약 폴란드에서 전기차를 충전한다면 전기차가 마냥 친환경적으로 보이지는 않을 거예요. 물론 이때조차도 전기차는 내연기관휘발유 엔진, 디젤 엔진 차량보다 이산화탄소를 적게 배출해요. 심지어 지구 반대편에서 탄소발자국을 남기며 배터리와 부품을 들여와 전기차를 조립하고 석탄 화력 발전소가 만든 전기로 배터리를 충전한다고 해도 휘발유나 디젤유로 구동되는 어떤 종류의 자동차보다 이산화탄소를 저감하는 효과가 훨씬 커요.

상품이 생산되고 운반, 소비되는 모든 과정에서 발생하는 이산화탄소를 계산하는 것을 '전 과정 분석'이라고 해요. 2019년 유럽의 교통 전문 비영리 기구인 '교통과 환경'의 분석에 따르면, 어떠한 종류의 전력을 사용해도 전기차는 내연기관 차량보다 이산화탄소를 적게 배출한다고 해요.

확실히 전기차는 에너지 효율이 80퍼센트가 넘어요. 전기차 배터리를 재생 에너지로 충전한다면 이산화탄소 저감 효과는 더욱 커질 수 있어요. 반면에, 내연기관은 개발된 지 100년이 넘었지만 기술적 한계 때문에 에너지 효율이 40퍼센트를 넘지 못하고 있어요. 에너지의 60퍼센트 이상은 도로 위에서 열과 소음 그리고 이산화탄소와 함께 사라지는 거예요.

수소 전기차는 친환경적이지 않을 수 있어요. 현재의 기술로는 수소를 분리하고 압축하는 생산 단계에서 이산화탄소를 다량 배출할 수밖에 없기 때문이에요. 폭발 위험성이 있는 수소를 안전하게 저장하고 충전하는 과정에서도 에너지가 소모되기 때문에 이산화탄소 배출을 피할 수는 없어요.

수소 에너지가 친환경 수소 산업으로 성장하려면 넘어야 할 산이 한둘이 아니에요. 그럼에도 수소 에너지를 사용하려는 목적은 딱 하나, 이산화탄소 배출을 줄이는 거예요. 수소 에너지의 미래에 바라는 것은 다만, 탄소 저감에 있을 뿐이에요.

‘석탄 없는 내일’을 **꿈꾸는 영국**

영국의 리버풀은 항구 도시예요. 과거에 리버풀은 전 세계 물동량의 절반을 담당했을 정도로 유명한 무역항이었어요. 리버풀로 수입된 면화는 운하를 통해 맨체스터로 운반되었어요. 면화는 맨체스터의 공장에서 면직물로 가공된 후 다시 리버풀을 통해 해외로 수출되었어요. 석탄과 노동인구가 풍부했던 맨체스터는 산업혁명의 발원지였고 면공업의 중심지였어요. 항구 도시 리버풀과 산업 도시 맨체스터는 밀어 주고 당겨 주며 함께 번영했어요. 두 도시의 우호적 관계는 리버풀-맨체스터 철도 노선이 1830년에 개통되면서 더욱 돈독해졌어요. 석탄과 물자를 실은 증기기관차가 리버풀과 맨체스터를 오가며 검은 연기를 내뿜을 때마다 두 도시는 더욱 번창했어요.

하지만 1894년에 전형적인 내륙 도시인 맨체스터가 해안까지 길이 75킬로미터의 운하를 건설하면서 리버풀과의 우정은 끝이 났어요. 스스로 항구 도시가 되어 맨체스터가 공장 가동에 필요한 석탄과 물자를 운하를 통해 직접 공급받게 되자 리버풀은 항구 도시로서의 경쟁력을 상실했어요. 리버풀의 항구 노동자들은 일자리를 잃었어요. 맨체스터의 운하 건설로 리버풀은 쇠퇴한 반면, 맨체스터는 영화를 누렸어요. 맨체스터의 배신(?)은 두 도시의 지역감정에 불을 댕겼어요. 지역감정은 축구로 번져 두 도시는 '레즈 더비'라 불리는 유명한 축구 라이벌이 되었고, 최근까지도 두 팀의 경기가 있을 때면 경찰이 동원될 만큼 매우 거친 경기와 응원을 펼치고 있어요.

한편, 최초의 산업 도시였던 맨체스터의 행운도 영원하지 않았어요. 맨체스터는 한때 세계 면직물 생산의 중심이라는 의미로 코트노폴리스Cottonopolis로 불리며 세계 면공업을 선도했어요. 하지만 제2차 세계 대전 이후 석탄 채굴 비용이 증가하고 상품 경쟁력이 약화되면서 점차 활기를 잃었어요. 도시를 떠받들던 굴뚝 산업이 무너지자 노동자는 일자리를 잃고 도시는 쇠락했어요. 인구도 절반으로 줄었어요.

맨체스터는 1980년대 중반부터 석탄의 유산을 과감히 버리기 시작했어요. 석탄의 열기에 취해 부흥한 맨체스터였지만 이제 석탄에 대한 기억을 지우는 중이에요. 석탄 발전소를 가장 많이 돌리던 곳이었지만 지금은 재생 에너지를 가장 많이 생산하는 지역으로 전환하고 있어요. 맨체스터의 일부 지역에는 태양광 에너지로 공기를 액화시켜 필요할 때 전기로 바꿔 쓰는 시스템을 갖추기도 했어요. 또 도심을 통과하는 경전철 노선에 태양광 에너지를 사용해요. 산업의 중심도 전통적인 제조업 위주에서 벗어나 스포츠와 상업, 서비스업으로 이동하고 있어요.

오늘날의 맨체스터는 세계적인 축구 클럽인 맨체스터 유나이티드와 맨체스터 시티의 연고지이자 미래를 품은 도시로 새로 태어나는 중이에요. 석탄에 웃고 울었던 맨체스터는 이제 최초의 산업도시가 아니라 최초의 미래 도시로 달려가고 있어요. "맨체스터가 오늘 생각하는 것을 세계는 내일 생각한다." 1800년대 중반 영국의 어느 총리가 남겼다는 이 말은 석탄 없는 내일을 꿈꾸는, 오늘의 맨체스터에 대한 찬사가 될 거예요.

4장
바람이 준 선물,
풍력 발전

렘브란트와 **풍차**

렘브란트 반 레인은 1600년대 초반 풍차의 나라 네덜란드에서 태어났어요. 빈센트 반 고흐와 더불어 유럽 미술 역사에서 가장 위대한 화가 중 한 명으로 꼽히는 렘브란트는 빛의 마법사로 불릴 정도로 빛과 그림자를 잘 다루었어요. 미술평론가들은 그 비결을 엉뚱하게도 풍차에서 찾아냈어요. 풍차가 있는 방앗간집의 아들이었던 렘브란트가 빙글빙글 돌아가는 바람개비 사이로 빛과 그림자가 쏟아지는 것을 보면서 어린 시절을 보냈기 때문이라는 거예요. 풍차가 돌아가면서 날개가 햇빛을 가리면 어두운 그림자가 깔리고, 날개가 지나가면 밝은 햇빛이 쏟아지는 시각적 경험이 렘

▶ 렘브란트가 그린 〈풍차〉.

브란트 화풍의 근원이 되었다는 거죠. 아무튼, 풍차 덕분인지 몰라도 렘브란트는 나중에 근대 명암의 시조라는 칭송을 얻었고 자신의 작품에 풍차를 자주 등장시키곤 했어요.

기록상으로 가장 오래된 풍차는 600년대 중동의 페르시아 지역에 세워진 거였어요. 최초의 풍차는 천과 나무, 갈대로 만들어졌는데 바람개비가 회전목마처럼 옆으로 누운 형태였고 곡물을 빻는 용도로 사용되었다고 해요. 풍차가 유럽에 전해진 것은 십자군 전쟁1095~1291 때였어요. 특히 네덜란드가 앞장서 도입했는데, 그 작은 땅에 풍차가 9000대 넘게 세워진 적도 있어 전국의 풍차 지도를 따로 펴낼 정도였다고 해요.

네덜란드에 풍차가 많은 이유는 낮은 지형 때문이에요. 국토의 25퍼센트가 바다보다 낮은 데다 평균 해발 고도는 4미터에 불과해요. 가장 높은 곳도 동네 뒷산 높이인 320미터에 그치다 보니 낮은 땅에 고인 바닷물을 퍼내기 위해 풍차를 최대한 많이 지어야 했어요. 오죽하면 나라 이름을 Netherlands 즉 '낮은Nether 땅lands'이라고 지었을까요. 프랑스의 철학자 볼테르가 '신은 세상을 창조했지만 네덜란드는 네덜란드인이 만들었다'고 했듯이 네덜란드 사람들에게 풍차는 생존 도구였어요.

한편 유럽의 다른 나라들도 풍차 도입에 적극적이었는데 1500년대 이후 각국에 풍차가 우후죽순처럼 생겨났어요. 프랑스에도 풍차가 들어섰어요. 파리 시내가 한눈에 내려다보이는 몽마르트르 언덕에도 30여 대의 풍차가 세워졌어요.

오늘날 이곳은 예술가의 거리로 유명한데 원래는 풍차와 포도밭, 공동묘지가 어우러진 파리 외곽의 조용한 언덕이었어요. 그런데 19세기 중반 파리 도심 재개발로 밀려난 사람들이 모여 살면서 달동네빈민촌가 되었어요. 여기에 새로운 경험을 하고 싶었던 파리의 상류층과 젊은 예술가들이 자주 찾아오면서 빈민촌은 어느덧 활기차고 낭만적인 공간으로 변했어요. 특히 가난한 예술가들은 그림 모델을 쉽게 구할 수 있고 숙박비도 저렴한 몽마르트르 언덕을 그들의 천국으로 여겼어요.

피카소와 르누아르, 샤갈, 모딜리아니 등 훗날 세계적인 예술가로 성장한 젊은이들이 이 몽마르트르에서 저마다의 예술혼을 불태웠는데 그중에는 고흐도 있었어요. 네덜란드가 고향인 고흐는 바람 부는 언덕 몽마르트르에서 풍차를 소재 삼아 20여 점의 회화 작품을 남겼어요.

풍차와 빵

풍차는 바람이 부는 곳이면 어디든 세울 수 있어요. 바람은 어디에나 있어요. 아시아에도 있고 유럽에도 있어요. 그런데 아시아에서는 풍차를 보기 힘들어요. 중국 송나라960~1279 시절을 제외하면 아시아에서 풍차에 대한 기록은 찾기 어려워요. 반면에 유럽은 1100년대부터 풍차를 짓기 시작했는데 1700년대까지 유럽 전역에 들어섰던 풍차가 수만 대에 달했다고 해요. 렘브란트의 아버지가 운영하던 풍차 방앗간도 그중 하나였을 거예요.

풍차의 구조는 간단해요. 풍차의 날개 부분만 빼면 물레방아와 거의 비슷한 구조를 가졌어요. 바람으로 돌아가느냐 물로 돌아가

느냐의 차이밖에 없어요. 물레방아를 만들 기술이 있다면 풍차도 만들 수 있다는 이야기예요. 돈과 시간, 의지만 있다면 어디든 풍차를 세울 수 있어요.

그런데도 풍차는 아시아에는 적고 유럽에는 많아요. 바람이 유럽에만 불고 돈과 기술이 유럽에만 있는 것은 아닌데 풍차가 유럽에만 많은 이유가 뭘까요? 그 이유는 유럽 사람들의 주식이 밀인데서 찾을 수 있어요.

중동 지역을 제외한 아시아 사람들의 주식은 쌀이에요. 쌀은 밥을 해 먹기가 쉬워요. 볍씨를 절구에 넣고 콩콩 찧으면 두꺼운 껍질왕겨이 벗겨지면서 현미가 나와요. 이번에는 현미를 절구에 넣고 콩콩 찧으면 얇은 껍질미강이 벗겨지면서 백미가 나와요. 현미든 백미든 물을 붓고 끓이면 현미밥, 백미밥이 금방 지어져요. 이렇게 쌀을 도정알곡의 껍질을 벗기는 일해서 밥을 지어 먹는 일은 크게 어렵지 않기 때문에 각자의 집에서 그때그때 해결했어요.

반면 밀의 껍질은 잘 떨어지지 않아요. 게다가 밀은 단단하지 않아 쉽게 부서져요. 밀을 절구에 넣고 찧으면 부서지기만 할 뿐 껍질은 잘 벗겨지지 않아요. 쌀처럼 밥을 해 먹기가 어렵다는 이야기예요. 결국 밀을 맷돌에 갈아 밀가루를 내고 빵을 만들어 먹을 수밖에 없었죠. 그런데 밀을 맷돌에 가는 것은 쉬운 일이 아니에요. 가족이 나누어 먹을 만큼 충분한 양의 밀가루를 내는 일제분은 육체적으로 고된 작업이에요.

이들을 육체적 고통에서 해방시켜 준 것이 풍차예요. 십자군 전쟁 이후 마을마다 들어선 풍차 방앗간이 쉬지 않고 맷돌을 돌려 준 덕분에 제분이라는 중노동에서 어느 정도 벗어날 수 있었어요. 하지만 풍차가 사회적 문제까지 해결해 준 것은 아니에요. 풍차 운영권을 쥐고 있는 교회 성직자와 귀족 들이 농민에게 풍차 이용료를 강요했어요. 지배 계급이 풍차 운영권을 무기로 농민에게 무리한 세금을 물린 거예요. 신부와 영주는 풍차를 돌리는 바람이 자신의 땅 위를 지나간다면서 풍차 운영권을 놓고 서로 다투기도 했어요. 바람은 누구의 것도 아니지만 당시 지배 계급은 바람마저 자기들의 소유라고 주장했던 거죠.

농민은 여기에 보태 빵을 구울 때마다 오븐 이용료도 냈어요. 대개 풍차 옆에 자리 잡은 빵집도 농민 소유가 아니었기 때문이에요. 이들은 풍차 이용료도 모자라 오븐 이용료라는 부당한 세금까지 억울하게 떠안아야 했어요. 성직자와 귀족 들은 매일 빵을 구웠지만 농민은 그럴 시간도 돈도 없었어요. 이들이 먹는 빵은 언제나 거무튀튀하고 딱딱했어요. 비싼 밀가루 대신 잡곡을 많이 넣었기 때문이에요. 갓 구운 희고 부드러운 빵은 성직자와 귀족이 독차지했어요.

친구나 회사를 의미하는 영어 단어 컴퍼니company가 함께cum 빵panis을 나눠 먹는다는 뜻의 라틴어에서 나왔다지만 지배층은 농민과 빵을 나누지 않았어요. 농민이 빵을 만들어 먹기까지의 과정은 힘겹기만 했어요. 언덕 위, 방앗간 풍차의 멋진 날갯짓이 농민의 눈엔 마냥 낭만적이진 않았을 거예요.

풍차에서
풍력 발전기로

수백 년 동안 풍차는 바람의 힘으로 방앗간에서 밀과 옥수수를 갈고, 작업장에서 공기 바람을 불어넣고, 목공소에서 나무를 자를 때 동력을 제공하고, 저지대에서는 물을 퍼 올렸어요. 100여 년 전까지만 해도 덴마크에서는 수천 대의 풍차가 곡물을 빻고 기계를 움직였어요. 그러나 증기기관이 발명되고 산업 현장에서 널리 쓰이기 시작하면서 풍차는 서서히 밀려났어요.

증기기관은 값비싼 기계 장치였지만 풍차에 비해 규모가 작고 바람이 필요 없었어요. 증기기관의 에너지원인 석탄만 충분히 공급된다면, 원하는 곳에 설치하고 원하는 시간대에 가동시킬 수 있었어요. 물론, 교통이 불편해 석탄 공급이 어려운 곳에서는 여전히 풍차가 동력을 제공했지만 증기기관의 공세를 막기에는 역부족이었어요. 풍차의 전성기는 지나갔어요.

하지만 풍차는 새로운 전성기를 맞이했어요. 맷돌을 돌리는 풍차가 아니라 발전기를 돌리는 풍력 발전기로 말이에요. 풍차에 일어난 최초의 혁신은 1887년 스코틀랜드의 제임스 브리드가 배터리 충전용으로 최초의 풍력 발전기를 제작한 거예요. 이듬해인 1888년에는 미국의 찰스 브러시가 350여 개의 백열전등을 켤 수 있는 세계 최초의 자동 운전 풍력 발전기를 개발했는데 농장에서 20년간 운영했다고 해요.

세계 대전 중에 풍력 발전기가 대량 생산되기도 했어요. 제1차 세계 대전이 터졌을 때 미국은 전력난을 해결하기 위해 수만 대의 농장용 풍력 발전기를 제작했어요. 당시 전기 시설은 에너지 수요가 폭발적으로 늘고 있는 도시를 중심으로 확대해 나갔기 때문에, 도시 외곽의 농가에는 전기선이 미처 들어오지 않았어요. 미국 정부는 전력을 자체 해결할 수 있는 방안으로 풍력 발전기를 농가에 보급했어요.

이렇게 풍력 발전기는 100여 년 전에 세상에 나와 오늘날까지 사용되고 있어요. 그 겉모습만 달라졌을 뿐 기본 구조는 거의 비슷

▶ 찰스 브러시가 만든 풍력 발전기(1888년).

해요. 회전 날개블레이드와 원형 타워, 발전기가 기본 구성이에요. 블레이드는 원형 타워 위에 장착되어 있고 바람개비처럼 돌아가요. 블레이드의 뒤쪽에는 발전기가 붙어 있어요. 바람이 블레이드를 돌리면 그 힘이 발전기에 전달되어 전기를 생산해요.

풍력 발전기의 핵심은 바람으로 전기를 만드는 거예요. 바람에서 얻는 전기는 재생 에너지예요. 재생 에너지란, 햇빛과 바람, 물 등 재생이 가능한 자원에서 얻는 에너지를 말해요. 햇빛은 무궁무진하고 바람은 어디서나 불고 물은 언제나 흘러요. 쓰고 쓰고 또 써도 끊임없이 보충되고 재생돼요. 햇빛과 바람, 물에서 얻는 에너지를 리뉴어블 에너지Renewable Energy 즉 재생 가능 에너지라고 부르는 이유가 여기에 있어요.

바람 에너지의 양을 **계산할 수 있을까?**

지구에 부는 바람 에너지의 총합은 얼마나 될까요? 풍력 발전기의 블레이드가 돌아가는 높이에서 부는 바람만 모아도 전 세계가 매년 소비하는 전력의 20배를 채울 수 있다고 해요. 참고로 2019년 전 세계에서 소비된 전력은 대략 2만 3000테라와트시TWh였어요.

바람은 지구에 공기가 생겨나고 대류 현상이 일어나면서 불기 시작했어요. 뜨거운 공기는 올라가고 차가운 공기는 가라앉는 것이 대류 현상이에요. 대류 현상의 근원은 태양 에너지예요. 지구를 가열하는 태양의 불길이 꺼지지 않는 한 지구의 바람도 멈추지 않을 거예요.

바람은 대표적인 재생 에너지예요. 재생 에너지의 특징은 무궁무진하다는 거예요. 석유나 석탄, 천연가스처럼 한 번 쓰고 버려지는 에너지가 아니에요. 무엇보다 재생 에너지의 가장 큰 특징은 친환경적이라는 거예요. 화석 연료의 폐해는 연소 과정에서 각종 환경 유해물질과 온실가스를 대량 배출하는 데 있어요. 특히 온실가스는 대기권에 열에너지를 가둬 지구 평균 기온을 올리고 지구 온난화를 일으키는데, 이는 인류가 해결해야 할 가장 시급한 문제가 되었어요. 반면에 재생 에너지는 자연 속에서 순환하는 에너지이기 때문에 자연을 망가뜨리지 않아요. 비록 풍력 발전기 설비를 생산하고 폐기하는 과정에서 어느 정도의 유해물질과 온실가스를 불가피하게 배출하기는 해도, 화석 연료의 폐해와 비교할 바는 아니에요.

이론적으로 바람 에너지의 60퍼센트는 전기로 바꿀 수 있다고 해요. 블레이드의 면적이 넓어질수록 에너지 효율이 올라가요. 하지만 면적이 넓어질수록 무게도 늘어나기 때문에 적당한 수준에서 회전하는 날개의 폭과 길이를 조절해야 해요. 연구에 따르면, 가장 효율적인 블레이드의 형태는 날개가 3개짜리이며 폭이 좁고 긴 것이라고 해요. 요즘 블레이드는 폭이 좁아지고 길이가

▶ 대형화한 풍력 발전기.

늘어나는 추세예요. 블레이드의 길이가 두 배가 되면 전력 생산은 네 배로 늘어나요. 최근 풍력 발전기가 대형화되는 것도 이런 이유예요.

지금까지 개발된 풍력 발전기 중 가장 큰 것은 260미터로 63빌딩249미터보다 더 높아요. 이런 풍력 발전기 하나가 만들어 내는 전력은 12메가와트에 달해요. 1만 가구 이상에 전기를 공급할 수 있는 양이에요.

하지만 대형화에 따른 단점도 있어요. 우선 소음이 커져요. 지름이 수십 미터가 넘는 블레이드의 끝부분은 고속열차 속도와 비슷한 시속 250킬로미터가 넘기 때문에 낮은 음역대의 소음이 끊임없이 발생해요. 대형 발전기를 마을에서 떨어진 곳에 설치하는 이유도 소음 때문이에요. 최근에 소음을 감소시키는 연구가 성과를 내고 있지만 근본적인 해결책은 좀 더 기다려야 할 거 같아요.

또 다른 문제는 새가 충돌하는 거예요. 블레이드가 원을 그리며 회전하는 구역을 허공으로 인식해 날아왔다가 충돌 사고로 죽는 새가 늘고 있어요. 물론 새의 충돌 문제는 풍력 발전기만의 문제는 아니에요. 건물이나 자동차, 송전선 때문에 죽는 새도 많다고 해요. 국립생태원에 따르면 투명 유리창에 부딪쳐 죽는 새는 해마다 우리나라에서만 800만 마리에 달한다고 해요. 그중 도로의 방음벽 사고는 20만 마리로 추정하고 있어요.

그런데 빠르게 날아다니는 새는 가로 5센티미터, 세로 10센티미터의 좁은 틈새는 본능적으로 피한다고 해요. 최근 투명 유리창이나 방음벽에 새가 인식할 수 있도록 큰 점들을 규칙적으로 찍어 놓거나 다양한 이미지를 그려 넣어서 새가 부딪치는 것을 막고 있어요. 비슷한 원리로, 풍력 발전기의 블레이드 중 한 개에 검은 색칠을 하는 것만으로도 새의 피해를 줄일 수 있다고 해요. 블레이드가 돌아가는 원 구역을 표시해서 하늘 길을 날아다니는 새에게 옆으로 비켜 가라는 일종의 신호를 주는 거예요.

공중 풍력과
날개 없는 풍력 발전기

요즘은 풍력 발전기를 해상에 설치하는 경우도 있어요. 얕은 바다에 기초를 세우고 풍력 발전기를 설치하면 소음 문제로 항의를 받을 일이 적어져요. 하지만 바다 생태계를 교란시킨다는 우려의 목소리도 있어요. 고래와 해양 포유류, 어류, 철새 등에 미치는 영향이 작지 않다는 거예요. 이 같은 문제 제기에 대해 덴마크 자연청은 자연에 큰 피해를 주지 않으면서 지속가능한 해상 풍력 건설이 가능하다는 결론을 내린 바 있어요. 풍력 발전기의 하부 구조물이 서식지를 제공해 바다 생태계에 긍정적인 역할을 한다는 거예요. 하지만 해상 풍력이 어민들의 뱃길을 방해하고 수산자원과

▶ 해상에 설치된 풍력 발전기의 모습.

생태계에 피해를 준다는 주장도 있는 만큼, 해상 풍력에 의한 피해 사례가 있는지 추적 관찰하고 건설과 운영 과정에서 어민들의 목소리를 적극 반영할 필요가 있어요.

해상 풍력은 육상 방식에 비해 설치가 쉽지 않지만 입지 공간이 넉넉하고 풍속이 높으며 바람이 균일하기 때문에 경쟁력을 갖추고 있어요. 하지만 바람의 양과 비용만을 고려한다면, 공중 풍력이 좀 더 나을 수 있어요. 공중 풍력이란 말 그대로 하늘을 나는 발전소예요. 공중 풍력은 두 가지 방식이 있는데 하나는 공중에 비행 물체를 띄우고, 여기에 장착된 블레이드를 회전시켜 얻은 전기를 지상으로 연결된 전기선을 이용해 내려보내는 거예요. 또 하나는 커다란 글라이더나 연이 바람을 타고 날아가는 힘을 이용해 지상에서 도르래를 돌리고 여기에 연결된 발전기에서 전기를 생산하는 방식이에요. 수백 미터 상공은 지상보다 바람 에너지가 강하기 때문에 규모는 작아도 발전 효율이 좋아요. 특히 공중 풍력은 발전기를 바다 위에 띄워 설치할 경우, 설치 비용이 지상에 설치하는 것과 비교할 때 10분의 1 수준에 불과하다고 해요. 뿐만 아니라 소음과 생태계 교란 등의 문제를 최소화시킬 수 있는 큰 장점도 있어요.

풍력 발전기와 소음의 관계는 빛과 그림자 같은 거예요. 빛이 밝을수록 그림자도 짙어지는 법이에요. 블레이드가 커질수록 전력 생산이 늘지만, 그만큼 소음도 커져요. 풍력 발전기에서 날개를 떼어 버리지 않는 한 이런 문제는 완전히 해소할 수 없어요. 기술 혁신이 이루어져야 하는 부분이에요.

실제로 날개 없는 풍력 발전기가 등장했어요. 스페인의 스타트

업 기업인 보텍스 블레이드리스는 원기둥 모양의 날개 없는 풍력 발전기를 개발했어요. 키 작은 전봇대처럼 생긴 원기둥 안에는 실린더와 발전기가 들어 있어서 바람이 불 때마다 생기는 진동으로 전기를 만들어 내요. 발전 효율은 기존의 회전날개형 풍력 발전기보다 낮지만, 날개가 없어 관리 비용이 훨씬 적게 들고 키가 3미터를 넘지 않아 도시의 자투리땅에 바로 설치가 가능해요.

요즘 여러 기업에서 도시에 어울리는 소형 풍력 발전기를 많이 개발하고 있어요. 네덜란드와 미국에 기반을 둔 플라워 터빈도 튤립처럼 생긴 소형 풍력 발전기를 내놓았어요. 이 풍력 발전기는 블레이드를 없앤 대신 튤립 꽃을 닮은 원통형의 날개를 장착했어요. 날개의 색이 빨강, 하양, 노랑, 초록 등으로 다양해서 도시 미관을 좋게 하는 장식물로 사용할 수 있다고 해요. 튤립꽃 모양의 날개는 기존 풍력 발전기의 단점으로 지적된, 블레이드가 빛을 가려 깜빡이는 현상도 없앴어요. 풍력 발전기가 작은 것은 어린아이 키 정도밖에 되지 않아 주유소나 주택 지붕, 전기 자전거 충전소 등 도시 안의 소규모 전력이 필요한 곳에 바로 설치할 수 있는 장점이 있어요.

도시의
'바람 지도'를 만든다면

도시의 에너지 수요는 해마다 급증하고 있어요. 하지만 도시 안에서 생산되는 에너지는 극소량에 불과해요. 세계 인구의 55퍼센트에 해당하는 44억 명이 도시에 거주하고 있어요. 인류가 사용하는 전체 에너지 중 75퍼센트를 도시가 소비하고 있어요. 도시는 에너지를 먹는 하마예요. 그런데 도시에서 사용하는 에너지의 대부분은 도시 밖에서 들여와요.

나무가 거의 유일한 에너지원이던 과거에는 도시를 유지하려면 적어도 도시 면적의 열 배 이상 되는 숲이 도시 주변에 필요했어요. 메소포타미아 문명, 인더스 문명, 마야 문명 등 인류의 위대한 문명들은 모두 숲의 품에서 탄생했어요. 도시를 기반으로 위대한 문명을 세운 사람들은 숲에서 나무를 베어다 건축 재료로 쓰고, 에너지원으로 태우며, 화려한 바벨탑을 쌓고, 아름다운 신전과 건축물을 지으며 번성했어요. 그러나 영원할 것 같았던 이들 문명은 모두 몰락했어요. 도시의 에너지 수요를 숲이 따라가지 못했기 때문이에요. 숲이 황폐화되면 도시와 문명의 미래도 위태로울 수밖에 없어요.

오늘날 전 세계 대부분의 도시는 도시 외부의 화력 발전소나 핵 발전소에서 전기를 공급받아 사용하고 있어요. 화력 발전소의 에너지원으로 쓰이는 화석 연료는 채굴과 저장, 운반 등의 모든 과정에서 온실가스를 배출해요. 도시 또한 냉난방과 교통운송, 산업 활동 등으로 화석 연료를 소비하기 때문에 온실가스를 배출해요. 도시의 번성으로 온실가스가 대량 배출되고 이 때문에 기후 위기가 일어나 지구 생태계와 인류 문명이 위태로워졌어요.

도시가 자체적으로 전기를 생산할 수 있다면, 대규모 전력은 아니더라도 소규모 시설에 맞는 전력을 스스로 공급할 수 있다면, 온실가스 배출을 줄이고 기후 위기를 막는 데 큰 도움이 될 거예요. 물론 이때의 조건은, 전기가 친환경적으로 생산되어야 한다는 거예요.

도시의 바람 지도를 제작하는 것은 이런 면에서 의미가 있어요. 바람 지도는 도시의 지형지물의 높이와 크기에 따라 달라지는 바람에 대한 기록이에요. 바람 지도를 이용하면 빌딩 사이로 흐르는 바람빌딩풍도 이용할 수 있고 도로 옆이나 강 주변, 자투리땅과 건물 옥상 등의 공간을 좀 더 효율적으로 이용할 수 있어요.

도시의 바람 지도를 활용해 풍력 발전소를 곳곳에서 돌릴 수 있다면, 전기 자전거뿐 아니라 전기차도 바람으로 충전할 날이 올 거예요. 작지만 멋진 풍력 발전기가 도시의 바람개비가 되어 돌아간다면, 기후 위기는 어느덧 사라질 거예요.

5장
모으면 모을수록 힘이 커지는,
태양 에너지

아르키메데스의 **거울**

기원전 215년, 그리스와 로마는 전쟁포에니 전쟁 중이었어요. 아르키메데스가 살던 시라쿠사에도 로마 함대가 쳐들어왔어요. 시라쿠사는 그리스의 작은 도시국가예요. 아르키메데스는 '유레카'알아냈다는 뜻의 그리스어를 외친 것으로 유명한 고대 그리스의 수학자인데 수학자로서의 명성이 너무 높아 그가 발명가였다는 사실은 잘 알려져 있지 않아요. 하지만 아르키메데스는 전함을 들어 올려 전복시키는 갈고리와 기중기는 물론, 지렛대의 원리를 응용해 거리를 조절할 수 있는 투석기 등 다양한 전쟁 무기를 만들어 낸 당대 최고의 발명가였어요. 인류 최초의 광학 병기로 알려진 아르키메데

▶ 고대 그리스의 수학자 아르키메데스의 모습. 앙드레 테베의 삽화집(1586년) 중에서.

스의 거울도 그의 발명품 중 하나예요.

로마 함대가 진격해 온다는 전갈을 받은 시라쿠사군은 아르키메데스의 지시에 따라 거대한 청동거울 수십 개를 해안선에 배치했어요. 그리고 일제히 로마 함대를 향해 햇빛을 반사시켰어요. 갑자기 빛 공격을 받은 로마 함대의 병사들은 눈이 부셔 앞을 분간하지 못했어요. 방향 감각을 잃은 로마 함대의 전함들은 자기들끼리 충돌하고 부서지는 사태가 벌어졌어요. 시라쿠사군은 이 혼

란을 놓치지 않고 로마 함대를 급습해 크게 이겼어요. 3년 후 로마 함대는 청동거울의 빛 공격을 막아 낼 대책을 세운 뒤 다시 침공해 왔어요. 그러자 이번에는 아르키메데스가 수십 개의 청동거울로 반사시킨 햇빛을 딱 한 척의 전함에 집중시켰어요. 청동거울은 볼록렌즈로 햇빛을 모아 불을 피우듯 전함을 불태웠어요. 아르키메데스의 거울은 이렇게 로마 함대를 불태웠고 로마는 또다시 크게 패하고 말았어요.

광학 병기로 로마 전함을 불태웠다는 이런 전설 같은 이야기는 믿기 힘들어요. 하지만 실험으로 확인하면 될 일이에요. 1973년에 어떤 의심 많은 그리스 학자가 이를 증명하고자 문헌에 남은 기록을 토대로 실험을 했어요. 그는 아르키메데스가 로마 함대를 향해 햇빛을 쏘았던 상황을 그대로 재현하기 위해 해안선에 수십 개의 청동거울을 설치했어요. 그리고 청동거울로 반사시킨 햇빛을 바다에 띄워 놓은 나무 보트에 집중시켰어요. 잠시 후 햇빛을 받은 나무 보트에서 연기가 나고 불이 붙었어요. 아르키메데스의 거울이 과학적으로 입증된 순간이었어요.

세계 최초의 **태양열 집열기**

햇빛 한 줌의 힘은 미약해요. 하지만 햇빛은 모을수록 에너지가 커져요. 자원이 고갈될 염려도 없어요. 사람들은 자원이 부족할 때마다 햇빛에 관심을 두었어요. 이런 분위기 속에서 세계 최초의 태양열 집열기태양열을 모으는 장치가 탄생했어요.

1800년대 중반에 프랑스의 과학자 오귀스탱 무쇼는 둥근 안테나처럼 생긴 거대한 오목거울로 태양열을 모아 물을 끓이는 장치를 발명했어요. 오늘날 적정기술로 활용되고 있는 태양열 조리기는 사실 무쇼의 태양열 집열기를 응용한 거예요. 그런데 태양열로 물을 끓였다는 것은 증기기관을 만들 수 있다는 것을 의미해요.

▶ 프랑스의 과학자 오귀스탱 무쇼가 만든 태양열 집열기.

실제로 무쇼는 태양열 집열기로 물을 끓이고 여기서 얻은 증기 압력으로 작동하는 엔진 즉 태양열 증기기관도 발명해 1878년, 파리 세계 박람회에 출품했어요.

박람회장에서 무쇼는 언젠가 석탄은 바닥나겠지만 공짜인 태양열 에너지는 영원할 거라며 큰소리쳤어요. 박람회가 끝난 후에 무쇼는 태양열 집열기 사업을 벌였지만 잘 풀리지 않았어요.

무쇼의 사업은 실패했지만 사람들은 그의 장치에서 태양열의 가능성을 엿보았어요. 10여 년 뒤, 이번에는 미국의 발명가 프랭크 슈먼이 새로운 태양열 장치를 발명했어요. 슈먼은 태양열 집열기를 여러 개 연결해 증기기관에 충분한 열을 공급했고 여기서 더 나아가 전기를 생산했어요.

슈먼은 자신의 발명품을 바탕으로 제1차 세계 대전이 발발하기 직전에 영국과 독일의 지원을 받아 이집트 나일강 근처에 태양열을 이용한 발전소를 세웠어요. 햇빛이 풍부한 아프리카 사하라 사막에 대규모 태양열 발전소를 건설해 전 세계로 전기 에너지를 공급하겠다는 원대한 계획도 세웠어요. 하지만 이미 석탄이 저렴한 에너지원으로 쓰이고 있었고 여기에 석유가 빠른 속도로 개발되고 보급되면서 슈먼의 태양열 발전소는 설 자리를 잃었어요. 특히 제2차 세계 대전 이후에는 석유가 자동차와 철도, 선박, 항공기 등 교통 수송의 핵심 에너지로 자리매김하면서 세상은 석유를 중심으로 움직였어요.

태양 에너지에 대한 사람들의 관심도 시들해졌어요. 그러던 중 1973년과 1978년, 두 차례의 석유 파동오일 쇼크으로 석유 가격이 크게 치솟고 석유 고갈에 대한 두려움도 커지면서 사람들은 그 대안으로 태양 에너지를 다시 생각하게 되었어요. 하지만 석유 파동이

마무리된 1980년대 이후 석유 가격이 안정되자 태양 에너지는 사람들의 관심사에서 또다시 밀려났어요.

태양열 에너지

태양 에너지가 재차 사람들의 주목을 끌기 시작한 것은 1990년대 이후 지구 온난화에 대한 위기감이 커지면서부터예요. 오늘날 태양 에너지는 화석 연료와 달리 온실가스를 거의 내뿜지 않기 때문에 기후 위기 시대에 적합한 에너지로 인정받고 있어요.

태양 에너지는 열과 빛 중에 어느 것을 이용하느냐에 따라 태양열 방식과 태양광 방식으로 나누어져요. 우선 태양열 방식의 일반적인 형태는 햇빛을 모아 물을 끓이고 여기서 생긴 고압 증기로 터빈을 돌려 전기를 생산하는 것이에요. 하지만 일부 모델에서는 물을 끓이는 대신 용융염이라고 하는 화합물 형태로 열에너지를 저장했다가 밤이나 흐린 날에 활용하기도 해요. 이때 용융염을 녹이려면 수백 도 이상의 높은 열이 필요한데, 인공지능을 이용해 햇빛을 모으기도 해요. 이것은 아르키메데스의 거울과 비슷한데 다른 점이 있다면, 인공지능으로 수백 개의 반사경을 하나씩 수시로 조절해 최적의 온도를 유지한다는 거예요. 물론 이런 방식은 사막처럼 햇빛이 풍부하고 넓은 장소가 유리하기 때문에 우리나라에서는 사업성이 확보되기 어렵다고 해요.

작은 볼록렌즈로 햇빛을 모으면 낙엽이나 종이를 태울 수 있어요. 이것이 만약 커다란 렌즈라면 어떤 일이 벌어질까요. 실제로 이런 실험을 한 적이 있어요. 여기서는 볼록렌즈 대신 프레넬 렌즈를 이용했어요. 프레넬 렌즈는 1822년에 프랑스 물리학자 프레넬이 등대의 불빛을 멀리 보내기 위해 유리판이나 투명한 플라스틱판에 동심원의 홈을 나이테처럼 넣어 만든 렌즈예요. 프레넬 렌즈는 볼록렌즈와 같은 효과를 낼 수 있기 때문에 빛을 모을 때 탁월한 성능을 발휘할 수 있어요. 실험에 사용된 자동차 앞 유리 정도 크기의 프레넬 렌즈는 햇빛을 모아 1600도를 가볍게 넘겼고 작은 암석을 녹여 냈어요. 프레넬 렌즈가 모은 햇빛을 집중적으로 받은 암석이 연기를 내며 타 들어갔고 검은색 액체가 되어 흘러내렸어요.

햇빛을 모으면 초고온의 용광로도 만들 수 있어요. 예컨대 프랑스에는 햇빛으로 철을 녹이는 세계 최대의 태양 용광로가 가동되고 있어요. 이곳의 태양 용광로는 9000여 개의 작은 반사경으로 햇빛을 모아 3500도까지 상승시킬 수 있기 때문에 철도 쉽게 녹일 수 있어요.

태양광 에너지

태양열 방식이 햇빛의 열을 모으는 방식이라면, 태양광 방식은 햇빛 그 자체를 이용한 방식이에요. 태양광 방식은 태양전지를 이용해 햇빛을 직접 전기로 바꿀 수 있어요. 햇빛이 전기로 바뀌는 현상은 1839년 프랑스의 알렉산더 베크렐이 처음 발견했어요. 베크렐은 화학전지를 연구하다가 전지에 빛을 쪼이면 평소보다 전류가 더 흐른다는 사실을 관찰했어요.

베크렐은 태양전지의 원시적 형태를 발견했지만 그 원리까지 알아내지는 못했어요. 그 비밀은 수십 년이 지나 아인슈타인이 찾아냈는데 이를 '광전 효과'라고 불러요. 광전 효과란 쉽게 말해 금

속판에 빛을 쪼이면 전자가 튀어 나오면서 전기가 흐르는 현상이에요. 광전 효과를 이용해 빛으로 전기를 만드는 장치가 바로 태양전지예요. 아인슈타인은 1905년 광전 효과를 설명하는 논문을 발표했고, 그 공로를 인정받아 1921년 노벨 물리학상을 수상했어요.

태양전지는 1950년대부터 개발되기 시작했어요. 초기 형태의 태양전지는 투박하고 효율도 낮았지만 그 당시로서는 최첨단 과학의 결정체였어요. 미국은 1958년에 쏘아올린 인공위성 뱅가드 1호에 태양전지를 부착했어요. 뱅가드 1호는 지구를 돌고 있는 가장 오래된 인공위성인데 태양전지로 작동하는 송수신기가 1964년까지 작동했어요. 인공위성에 태양전지를 탑재한 이유는 인공위성도 전자 제품이기 때문이에요. 인공위성이 궤도를 돌며 카메라로 촬영을 하고 지구와 통신을 할 때 전기가 필요해요. 특히 600~800킬로미터의 낮은 궤도를 돌고 있는 인공위성은 태양전지판을 태양 쪽으로 향하게 주기적으로 자세를 교정해야 하는데 이때도 전력이 필요해요.

인공위성은 보통 수년 이상 장기간 임무를 수행하기 때문에 일반적인 건전지로는 오래 작동할 수 없어요. 뱅가드 1호도 수은전지를 탑재했지만 3개월 만에 방전됐어요. 그런 면에서 태양전지는 우주에서 가장 싸고 안전하게 장기간 전기를 공급해 주는 도구예요. 지금도 400킬로미터 상공에서 축구 경기장만 한 태양전지판을 매단 채 지구 궤도를 돌고 있는 우주정거장이 20년 넘게 가동되고 있는 이유가 여기에 있어요.

하지만 태양전지에도 문제가 있었어요. 햇빛이 사라지면 태양전지는 무용지물이에요. 인공위성이 지구 뒤편으로 들어가면 지구가 햇빛을 가리기 때문에 태양전지가 전기를 생산할 수 없어요. 태양전지는 전기를 만들 뿐 전력을 저장하지는 못해요. 여기서 필요한 것이 배터리예요. 밤 동안 인공위성은 낮에 모아 둔 전력으로 가동을 해요.

지난 20여 년간 배터리 기술은 눈부시게 발전했는데 여기에는 스마트폰의 혁신이 기여한 바가 커요. 치열한 경쟁 속에서 배터리 회사들은 작지만 힘은 세고 빠르게 충전되는 배터리를 개발했어요. 물론 인공위성용 배터리는 스마트폰 배터리와 비슷하지만 좀 더 안전하고 오랫동안 효율적으로 전기를 공급할 수 있도록 설계된다고 해요.

재생 에너지의 약점은 간헐적으로 에너지를 생산하는 거예요. 풍력 발전기는 계절에 따라 전력 생산량에 차이가 생겨요. 바람이 너무 강한 계절에는 발전기가 과열될 수 있어 블레이드를 가끔씩 멈춰야 해요. 바람이 조용한 계절에는 블레이드가 돌아가지 않는

▶ 태양광 발전을 위해 설치된 태양광 패널.

일이 발생하기도 해요. 태양광도 마찬가지예요. 밤에는 태양 에너지를 이용할 수 없어요. 비가 오거나 흐린 날에도 전력 생산이 감소해요. 요컨대, 바람 에너지는 계절의 영향을 받고 태양 에너지는 낮밤의 영향을 받아요.

에너지 저장 장치ESS: Energy Storage System는 재생 에너지의 약점을 보완해 줄 대안이에요. ESS는 쉽게 말해 커다란 배터리 같은 거예요. ESS는 바람이 잘 불 때나 햇살이 좋을 때 전력을 충전해 두었다가 필요할 때마다 전기를 꺼내 쓸 수 있어요. 재생 에너지를 이용해 효율적이고 안정적인 전력 공급을 하려면 ESS가 반드시 필요해요. 용융염도 어떤 의미에서는 ESS의 특별한 형태라고 할 수 있어요. 태양 에너지를 고온의 용융염 형태로 담아 두었다가 흐린 날이나 밤중에 꺼내서 전기 에너지로 전환시킬 수 있으니까요.

우주 에너지 개발보다 **중요한 것**

태양은 막대한 에너지를 내뿜고 있어요. 1초에 1000조 개의 핵폭탄이 폭발하는 것과 같은 에너지를 태양계에 발산하고 있어요. 지구에 쏟아지는 햇빛을 1시간만 모아도 전 세계가 1년 동안 소비할 수 있는 에너지를 채울 수 있어요. 온천처럼 지구 내부에서 생기는 열지열을 제외하면 우리가 사용하는 모든 에너지는 태양과 연결되어 있어요.

우리 지구 생명은 늘 태양 에너지에 기대어 살아왔어요. 태양 에너지는 지구에서 살아가는 모든 생명에게 뿌리 같은 존재예요. 수억 년 전에 지구를 덮었던, 고사리를 닮은 양치류 식물은 일종

▶ 2010년 미국 항공우주국에서 촬영한 태양의 모습.

의 태양 전지판이었어요. 햇빛으로 전기를 만드는 대신, 당분을 만들어 몸 안에 저장했어요. 고생대 육지를 뒤덮은 대형 양치류는 태양 에너지를 머금은 채 지하 퇴적층에 잠들었어요. 이것을 훗날 인간이 캐내어 불을 붙였는데 바로 석탄이에요. 따뜻한 바다에서 광합성을 하던 해양 플랑크톤이 바다 밑 두터운 퇴적층에 스며들어 검푸른 액체와 가스가 되었는데 이것이 석유와 천연가스예요.

지난 100여 년간 인류는 이른바 화석 연료라 불리는 지하자원을 무분별하게 캐냈고 필요 이상으로 소비했어요. 환경을 고려하지 않았고 생태계가 망가진다는 자각 없이 무한정 태웠어요. 그 과정에서 지구 평균 기온을 올리는 온실가스를 배출한 것은 의도하지 않은 결과였어요. 하지만 이제 온실가스가 기후 위기를 일으켜 인류 문명을 궁지로 몰아간다는 것이 과학적으로 밝혀졌어요. 온실가스 배출을 줄여야 할 때예요.

모두가 이와 같은 주장에 동의하지만 실천은 생각만큼 쉽지 않아요. 이유는 화석 연료가 우리의 일상을 떠받치고 있기 때문이에요. 화석 연료에 의존하는 생활방식을 그대로 둔 채 화석 연료의 사용을 줄이는 것은 이전의 잘못된 식습관을 그대로 유지하면서 다이어트를 하는 것만큼이나 어려운 일이에요. 다이어트에 성공하려면 일단 자신의 식습관의 문제를 파악하고 과감하게 바꾸는 것부터 시작해야 해요.

화석 연료에 대한 의존도를 줄이는 최선의 방법 중 하나는 지구에 쏟아지는 태양 에너지를 이용하는 거예요. 집집마다, 건물 옥상에, 쓰임새가 없는 자투리 공간에 태양전지를 설치해 화석 연료에 대한 의존도를 낮추는 거예요. 물론 가장 좋은 방법은 절약이에요. 에너지 소비를 줄이고 도시 안에서 재생 에너지를 생산하려 노력한다면 화석 연료에 대한 의존을 낮출 수 있어요. 여기에 도시의 미적 가치까지 고려한다면 시민의 폭넓은 지지도 얻을 수 있을 거예요. 도시 안팎의 공간을 효율적으로 활용하면 햇빛만으로도 도시에 필요한 전기 에너지를 충분히 공급할 수 있어요.

하지만 지상에서의 노력만으로는 부족하다고 생각하는 사람들이 있어요. 이들은 우주에 발전소를 건설하려는 계획을 갖고 있어요. 외신 보도에 따르면 영국은 2039년에 인공위성 형태로 지구 궤도에 우주 태양광 발전소를 띄울 예정이라고 해요. 인공위성 규모가 2000톤에 지름은 1600미터에 달하는 초대형 우주 태양광 발전소예요. 이것이 완성될 경우 핵 발전소 2기 전력에 맞먹는 2기가와트를 생산할 수 있다고 해요.

생산된 전력은 마이크로파로 변환시켜 지구로 전송할 예정이라고 해요. 마이크로파는 전자레인지가 음식을 데울 때 쓰는 전자기파예요. 일부 연구자들은 1기가와트급 에너지를 마이크로파로 변환시켜 지구로 전송할 경우 반경 5킬로미터 안쪽으로 사람이 살 수 없으며 반경 10킬로미터 떨어진 곳이라도 와이파이에 영향을 미쳐 통신이 끊길 수 있다고 주장해요. 이런 위험성에도 중국과 일본, 미국도 우주 태양광 발전소를 띄우려는 계획을 가지고 있어요.

우주선을 띄우는 데는 천문학적인 비용이 들 뿐 아니라 사고 위험성도 높은데, 많은 나라가 우주 태양광 발전소를 추진하는 이유가 뭘까요? 높은 발전 효율 때문이에요. 우주는 햇빛을 방해하는 구름이나 먼지가 없기 때문에 발전 효율이 3배 가까이 높아요. 또 높은 궤도에 띄울 경우 지구가 해를 가리지 않아 24시간 전력을 생산할 수 있어요. 일부에서는 광활한 우주에서 비싼 땅값을 걱정하지 않으면서 발전소를 세워도 되고 태양전지판에 떨어진 새똥을 치울 일도 없다는 주장이 있지만, 지구에서 해결 가능한 문제를 굳이 우주까지 가져가는 것이 맞는 일인지 먼저 진지하게 고민해 볼 필요가 있어요.

물론, 우주를 탐사하고 우주 에너지를 개발해야 해요. 우주과학이 거두는 성과는 언제나 기대 이상이었어요. 하지만 여기에 세계 각국이 들이는 시간과 수고로움, 지금까지 수천억 달러를 투자했고 앞으로도 투자할 거라는 생각을 하면, 턱밑까지 차오른 기후 위기를 대하는 우리의 자세는 이와 비교할 만한지 돌이켜 보게 돼요.

6장
에너지와 생명의 생존

'생명의 **그물**'

북극곰의 터전은 얼음이에요. 평생을 얼음 위에서 사냥하고 잠자며 새끼를 낳고 길러요. 북극곰의 먹이는 바다표범이에요. 바다표범은 물고기가 아니기 때문에 물속에서 숨을 쉬지 못해요. 바다표범은 바다 근처의 얼음에 구멍을 여러 개 뚫어 놓고 숨을 쉬러 가끔씩 올라와요. 북극곰은 이 순간을 노려 사냥을 해요. 얼음 구멍 주변에 몰래 숨어 있다가 바다표범이 얼음 위로 올라오면 번개같이 달려들어 확 낚아채는 거예요. 북극곰이 바다표범 사냥에 성공할 확률은 대략 10퍼센트 정도로 호랑이나 사자에 결코 뒤지지 않아요. 그러나 최근 지구 평균 기온의 상승으로 얼음이 녹아 사냥에 성공하는 횟수가 크게 줄고 있어요.

북극 지방은 지구 평균보다 두 배 이상 빨리 기온이 오르고 있어요. 얼음 크기도 줄고 두께도 얇아졌어요. 특히 여름이 되면 얼음 지대가 녹아 부서지는데, 급격한 기온 상승으로 그 정도가 심해지고 있어요. 이 시기에 바다표범은 얼음 구멍으로 쉬러 나오는 대신, 작은 얼음 조각 위로 올라와 휴식을 취해요. 그러면 북극곰은 얼음 조각 밑으로 몰래 헤엄쳐서 바다표범을 덮쳐요. 하지만 다 자란 북극곰 수컷의 몸무게는 500킬로그램이 넘어요. 아무리 신중하게 접근해도 작은 얼음판 위에 있던 바다표범이 알아챌 수밖에 없어요. 바다표범이 물속으로 도망치면 북극곰도 따라서 물속으로 뛰어들어요. 그렇지만 쏜살같이 내빼는 바다표범을 뒤쫓기란 쉽지 않아요. 북극곰은 수십 킬로미터를 헤엄칠 수 있지만 그렇게 오래 물속에 있다가는 탈진할 수 있기 때문에 가끔씩 얼음 위에서 쉬어야 해요. 그러나 기온이 오르고 북극이 따뜻해지면서 얼음을 찾기가 쉽지 않아요. 결국 얼음이 사라진 바다에서 물 밖으로 나오지 못해 익사하는 북극곰이 늘고 있어요.

북극곰은 봄부터 초여름까지 일 년 동안 사용할 에너지의 3분의 2를 몸에 비축해 놓아야 해요. 여름이 막바지에 이르면 얼음이 사라지고 바다표범을 사냥할 수 없기 때문이에요. 그런데 북극의 기온이 올라 여름이 빨리 찾아오고 그 기간도 늘어났어요. 길어진 여름 때문에 북극곰이 바다표범을 사냥할 수 있는 기간이 짧아졌어요. 얼음도 눈에 띄게 줄어 얼음보다 땅 위에서 지내는 날이 많아졌지요. 최근 들어 순록 사냥에 나선 북극곰이 늘고 있는 것은 북극의 얼음이 줄어든 것과 관련이 있어요.

바다표범 사냥이 힘들어진 북극곰이 순록에게로 눈길을 돌린 것은 어쩌면 당연한 결과일지 몰라요. 하지만 북극곰은 해양 포유류예요. 육상 포유류인 순록을 사냥하도록 진화하지 않았어요. 순록은 육지에서 북극곰보다 더 빨리 더 오래 달릴 수 있기 때문에 쉽게 사냥할 수 있는 먹잇감이 아니에요. 게다가 순록은 북극곰의 굶주린 배를 채워 줄 만큼 열량이 풍부하지도 않아요. 다 자란 순록의 몸무게는 80킬로그램이 넘지만, 에너지 차원에서 바다표범의 두꺼운 지방층을 대신하기는 어려워요. 북극곰이 거대한 몸집을 유지하고 겨우내 새끼에게 젖을 물리고 무엇보다 배를 곯지 않으려면 바다표범 사냥에 성공해야 해요.

수만 년을 이어 온 북극곰의 생존 방식에 변화가 생긴 것은 지구 온난화 때문이에요. 문제는 이러한 변화에 내몰린 것이 북극곰만이 아니라는 사실이에요. 순록도 지구 온난화의 피해자예요. 북극에 가까운 추운 지역툰드라에서 살아가는 순록의 발굽은 눈이 얼

▶ 기후 온난화로 생존 방식에 변화가 생긴 북극곰.

어서 생긴 얇은 얼음을 잘 깨고, 눈에 빠지지 않도록 펑퍼짐한 형태로 진화했어요. 소나 양이 풀을 뜯어 먹듯이, 순록은 발굽으로 2센티미터 정도 되는 두께의 얼음을 파헤쳐 땅 위에 난 이끼나 작은 식물을 먹고 살아요. 그런데 툰드라 지역이 따뜻해지면서 눈 대신 비가 오는 날이 많아졌어요. 때로는 비가 내리지 않던 곳까지 폭우가 쏟아지기도 했어요. 빗물이 스며든 땅은 밤사이 얼어붙고 얼음의 두께는 10센티미터를 넘기기 일쑤였어요. 평소보다 두

꺼워진 얼음에 적응하지 못한 순록 수만 마리가 결국 죽음을 맞이했어요.

지구 온난화는 북극해 주변에 서식하는 바닷새인 참솜깃오리에게도 시련을 주고 있어요. 예전 같으면 참솜깃오리의 둥지가 있는 해변에 북극곰이 올라올 일은 거의 없었을 거예요. 하지만 지난 수년간, 참솜깃오리는 자신들의 알을 북극곰에게 빼앗겼어요. 굶주린 북극곰들이 참솜깃오리의 둥지를 털어 수천 개의 알을 깨 먹은 거예요.

레이첼 카슨은 『침묵의 봄』에서 세상의 모든 생명은 연결되어 있다고 했어요. 이른바 '생명의 그물'이에요. 생명의 그물에서 모든 생명은 다른 생명과 연결되어 있어요. 생명의 그물에 생긴 변화는 그물 전체에 영향을 미쳐요. 지구 온난화로 북극의 얼음이 녹아 버리면 생명의 그물에 파장을 일으키고 다른 생명에 영향을 줄 수밖에 없어요.

얼음이 녹아 바다표범 사냥을 할 수 없는 북극곰이 오리 알을 먹어 치운 것은 오리의 생존 문제로 끝나지 않아요. 북극에 거주하는 원주민 이누이트 족에게도 영향을 미쳐요. 수천 년 동안 전통적인 삶의 방식을 고수하고 있는 이누이트 족에게 오리 고기와 둥지의 깃털은 소중한 자원 중 하나예요. 하지만 얼음이 녹아 바다표범 사냥을 할 수 없는 북극곰이 오리 둥지를 훔치고, 오리가 북극곰을 피해 번식지를 옮기면 이누이트 족이 피해를 입게 돼요. 이 모든 변화에 지구 온난화가 관련되어 있어요.

전기 먹는 하마,
데이터센터

생명의 그물에서 모든 생명이 연결되어 살아가듯, 우리는 인터넷에 연결되어 살아가요. 그런데 인터넷 연결에는 에너지가 필요해요. 이메일이나 SNS 메시지를 보낼 때조차도 컴퓨터를 작동시킬 전기 에너지가 필요해요. 전 세계 전기의 상당 부분은 화력 발전소에서 생산되고 있어요. 그리고 화력 발전소는 전기를 생산하기 위해 화석 연료를 태워요. 화석 연료를 태우면 공기 중에 탄소가 배출돼요. 짧게 말하면, 우리가 인터넷을 할 때마다 탄소가 배출된다는 거예요.

이메일 한 통을 보낼 때 4그램의 탄소가 배출된다는 조사 결과가 있어요. 매일 전 세계에서 1000억 통 이상 발송되고 있는 스팸 메일을 차단하고 삭제하는 것만으로도 에너지를 절약하고 탄소 배출을 줄일 수 있다고 해요. 물론 이메일을 관리하는 것으로 아낄 수 있는 에너지의 양은 크지 않아요. 이메일보다 더 큰 데이터가 오고가는 인스타그램이나 페이스북도 마찬가지예요. 유튜브나 넷플릭스로 동영상을 시청하면 이메일보다 수백 배 이상 탄소를 배출하겠지만, 그 역시 자동차나 전철을 타고 극장으로 가는 것보다는 탄소를 덜 배출해요.

하지만 우리가 연결하는 디지털 세상은 날이 갈수록 커지고 있어요. 인터넷에 접속하는 시간이 늘어나면서 네트워크를 오고가는 데이터의 양도 급격히 증가하고 있어요. 데이터량이 폭증하면서 탄소 배출량도 무시하지 못할 정도로 늘어나고 있어요.

데이터센터는 네트워크를 통해 주고받는 모든 데이터를 저장하고 처리하는 곳이에요. 이메일에서부터 유튜브 등의 동영상 공유 서비스에 이르기까지 모든 데이터는 이곳과 연결되어 있어요. 데이터센터가 없으면 이메일 한 통도 주고받을 수 없어요. 하나의 데이터센터는 적게는 수천 대, 많게는 수십만 대의 컴퓨터로 구성되기 때문에 그 자체로 대규모 컴퓨터 집단이에요.

컴퓨터를 작동시키면 열이 나요. 그래서 작은 노트북이나 데스크톱 컴퓨터 내부에는 냉각팬이나 냉각 장치가 달려 있어요. 당연히 수만 대 이상의 컴퓨터가 모여 있는 데이터센터에서 내뿜는 열기는 엄청나요. 만약 냉각 장치를 가동시키지 않는다면 데이터센터 내부는 시뻘겋게 달구어진 후라이팬처럼 될 거예요. 열을 식혀주지 않으면 불이 날 수 있어요. 그렇기 때문에 데이터센터에 공급되는 전력의 50퍼센트 이상은 이런 컴퓨터를 식히는 냉방 장치를 가동시키는 데 사용되고 있어요.

데이터센터는 전기를 먹는 하마예요. 데이터센터는 2019년 기준으로 전 세계 전력 공급량의 0.8퍼센트를 소비했어요. 프랑스의 환경에너지관리청에 따르면 2030년에는 그 비중이 13퍼센트로 급증할 전망이라고 해요. 전 세계 전기의 약 3분의 2가 화력 발전소에서 생산되는데, 데이터센터가 사용하는 전기의 상당 부분도 화력 발전소에서 오는 거예요. 결국 데이터센터가 화력 발전소에서 나온 전기를 사용한다면, 우리가 인터넷을 하는 동안 화력 발전소는 화석 연료를 태우고 탄소를 배출할 수밖에 없어요. 그렇다면 데이터센터는 굴뚝 없는 공장과 다를 바가 없어요.

글로벌 기업들은 탄소 배출을 줄이는 방식으로 데이터센터를 운영하기 위해 노력하고 있어요. 마이크로소프트는 데이터센터를 밀봉해 컨테이너 형태로 차가운 바다에 집어넣는 방법을 시도한 적이 있어요. 기업명을 메타로 바꾼 페이스북은 데이터센터의 일부를 찬바람이 부는 북극 가까이에 두었어요. 이것은 차가운 바닷물과 찬바람으로 데이터센터의 전력 소비를 줄여 탄소 배출을 줄이려는 거예요. 하지만, 데이터센터를 친환경적으로 운영하는 좀 더 근본적인 방법은 데이터센터에 공급하는 전력 자체를 재생에너지로 전환시키는 거예요.

마이크로소프트는 2025년까지 전 세계에 있는 수백 개의 데이터센터에 태양과 바람과 물에서 얻은 재생 에너지로 전력의 100퍼센트를 공급하겠다고 선언했어요. 세계적인 전자상거래 기업인 아마존과 소프트웨어 기업인 오라클도 2025년까지 데이터센터를 재생 에너지 100퍼센트로 운영하겠다고 밝혔어요. 구글과 애플은 좀 더 발 빠르게 움직였어요. 이들은 각각 2017년과 2018년부터 전 세계에 있는 자신들의 데이터센터를 모두 재생 에너지 100퍼센트로 가동시키고 있어요. 반면, 최근 에너지 소비가 급증하고 있는 중국을 비롯해 아시아 나라들은 이런 움직임에서 크게 벗어나 있어요. 우리나라의 네이버는 2040년까지 재생 에너지 100퍼센트로 데이터센터를 운영한다는 계획을 세우고 다각도로 노력하고 있지만, 아직 글로벌 수준에 못 미치는 것이 사실이에요.

'RE100' 캠페인

기업 활동에 필요한 전력의 100퍼센트를 재생 에너지로 공급하는 것을 '알이백'RE100: Renewable Energy 100이라고 해요. RE100은 국제 비영리 단체인 '더 클라이미트 그룹'과 탄소정보공개프로젝트 주도로 2014년부터 시작된 글로벌 캠페인이에요. RE100 캠페인의 목적은 기후 위기를 막는 거예요. 기후 위기의 심각성을 깨달은 글로벌 기업들이 재생 에너지로 전환하고 있어요. 구글과 애플, 마이크로소프트, 메타 등 글로벌 기업들은 RE100 가입을 통해 기후 위기로 급변하고 있는 시장 환경에 대비하고 있어요.

글로벌 기업들이 경쟁적으로 RE100에 가입하고 재생 에너지를

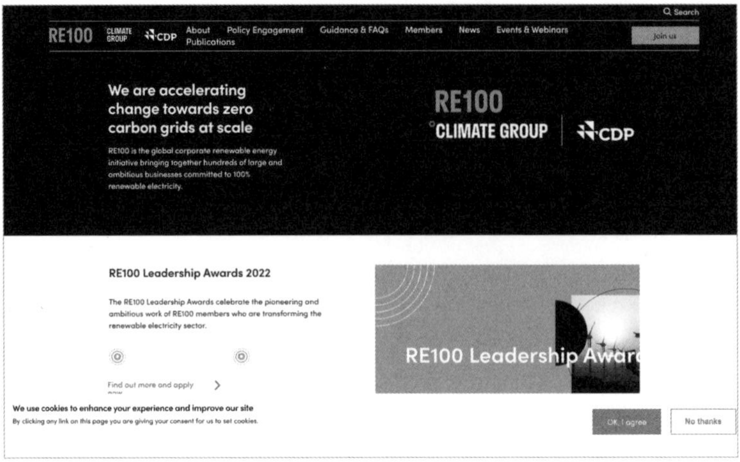

▶ RE100 홈페이지.

받아들인 데에는 기업 환경이 바뀐 탓도 있어요. 전 세계의 소비자가 온실가스를 대량으로 배출하는 기업에 사회적 책임을 묻기 시작한 거예요. 세계적인 투자 기관들도 재생 에너지로의 전환과 기후 위기에 대응하는 기업의 태도를 투자의 중요한 요소로 포함시키고 있어요.

이렇게 변화된 시장에서 가장 빠르게 대응하는 기업 중 하나가 애플이에요. 애플은 RE100 캠페인과 상관없이 수년전부터 재생 에너지 100퍼센트를 실천해 왔는데, 최근에는 애플에 부품을 공급하는 업체에게도 RE100을 요구하기 시작했어요. 이제 애플의

협력 업체들도 재생 에너지 100퍼센트로 부품을 만들어 수출해야 할 정도로 시장 상황이 변하고 있어요.

물론 기존 방식을 버리고 재생 에너지로 바꾸는 것이 쉬운 일은 아니에요. 지금껏 화력 발전소에서 생산한 전기를 공급받아 잘 쓰고 있었는데 이걸 재생 에너지로 전환하려면, 기존의 시스템을 바꾸고 해결할 일이 한두 가지가 아닐 거예요. 더군다나 사용 전력의 일부가 아니라 100퍼센트를 재생 에너지로 전환해야 해요. 하지만 언제까지 미룰 수는 없어요. RE100은 기후 위기 대응 차원뿐 아니라 기업의 수출 경쟁력과도 직결되기 때문이에요.

미래는 초연결 사회라고 해요. 초연결 사회란 사람과 스마트폰은 물론 냉장고, 자동차, 건물 등 모든 사물을 네트워크로 연결하는 사회예요. 초연결 사회가 오면 데이터량은 급증할 거예요. 여기에 인공지능이 결합되면 오고가는 데이터량은 지금보다 수백 배 늘고 탄소 배출량도 그만큼 증가할 수 있어요. 정보통신과 인공지능의 발달은 분명 우리에게 편리한 생활을 선사할 거예요. 하지만 탄소를 뿜어내는 화력 발전소로는 가슴 벅찬 미래를 꿈꿀 수 없어요.

전 세계의 데이터센터가 RE100을 실천하고 글로벌 기업들이 RE100을 달성하는 것은 그래서 중요해요. 다행히 우리나라의 SK

텔레콤, SK하이닉스, 삼성전자 등 20여 곳이 RE100에 동참해 기후 위기 해결을 위한 발걸음을 떼고 있어요. 기후 위기는 몇몇 기업의 노력만으로 극복할 수 있는 것이 아닌 만큼 보다 많은 기업의 동참이 필요해요.

베니스가 **물에 잠긴다고?**

2021년 가을, 영국 글래스고에서 열린 제26차 유엔기후변화협약 당사국총회COP26에 영상이 하나 올라왔어요. 남태평양의 작은 섬나라 투발루의 외무장관이 허벅지까지 차오른 물속에 서서 연설을 하는 영상이었어요. 영상을 올린 목적은 기후 위기로 물에 잠기고 있는 투발루의 안타까운 현실을 역설적으로 전하는 거였어요. 2009년 가을에는 덴마크 코펜하겐에서 열린 COP15를 맞아 몰디브 대통령이 10여 명의 장관과 함께 스쿠버 장비를 착용하고 물속에서 국무회의를 하는 영상이 올라와 화제가 된 적도 있어요. 이 또한 수몰 위기에 놓인 몰디브의 처지를 국제 사회에 알리려는 궁여지책이었어요.

기온이 올라가면 해수면도 따라서 같이 올라간다는 이야기를 들어 본 적이 있을 거예요. 한두 번 들은 것이 아니겠지만 이런 이야기는 우리 피부에 쉽게 와닿지 않아요. 기온이 오르면 바닷물의 부피가 늘어나고, 늘어난 부피만큼 해수면의 높이가 상승한다는 사실은 머리로는 이해할 수 있어도 몸으로 느껴질 만큼 실감나지 않기 때문이에요. 하지만 물의 높이가 온도에 따라 변한다는 사실을 자기 눈으로 직접 확인한다면 이야기는 달라질 거예요.

이걸 증명하는 아주 간단한 실험이 있어요. 여러분도 재미 삼아 한번 따라해 보세요. 먼저 커피포트에 물을 끓여요. 물이 끓으면 머그잔이나 텀블러에 넘치기 직전까지 가득 부어 보세요. 잠시 후 물이 식으면 물 높이가 처음보다 아래로 내려온 것을 눈으로 확인할 수 있어요. 물은 온도에 따라 부피가 늘고 줄어요. 바닷물도 마찬가지예요. 지구의 평균 기온이 올라가면 바닷물의 온도가 올라가고, 부피는 늘어나요. 바닷물의 부피가 늘어나면 해수면의 높이가 올라가요.

해수면이 상승하면 투발루나 몰디브처럼 저지대에 위치한 많은 나라와 도시가 침수 위험에 빠질 수 있어요. 이탈리아의 베니스가 그런 위험에 처한 도시 중 하나예요. 2007년 유네스코는 기후 변

▶ 몰디브의 모하메드 나시드 대통령이 수중 내각회의를 열고 세계에 이산화탄소 배출량 감축을 촉구하는 결의안에 서명을 하고 있는 모습(2009년 10월 17일).

화로 피해를 입고 있는 세계 유적지 중 하나로 베니스를 꼽기도 했어요. 바닷물이 매년 1~4밀리미터씩 차오르고 있어 수십 년 뒤에는 수영복을 입은 채 배를 타고 다니며 베니스 시내 구경을 해야 할지 몰라요.

물론 바닷물 온도의 상승만이 해수면 높이를 올리는 유일한 이유는 아니에요. 빙하가 녹아 바다로 흘러가도 해수면이 상승해요. 민물담수의 4분의 3은 얼음 상태로 남극과 그린란드에 몰려 있어요. 육지의 얼음이 바다로 녹아들면 그만큼 부피가 늘어나요. 과학자들은 그린란드와 남극의 빙하가 모두 녹는다면 해수면의 높이가 수십 미터 이상 올라갈 거라고 해요. 만약 그런 일이 벌어진다면, 서울은 물론 파리와 런던, 도쿄 그리고 뉴욕의 자유의 여신상도 바닷물에 잠기고 말 거예요.

티라노사우르스 대 **기후 위기**

티라노사우루스와 기후 위기 중에 어느 쪽이 더 두려울까요? 티라노사우루스는 공룡의 제왕이에요. 다른 공룡의 뼈를 부수고 자동차 문을 찢을 만한 최강의 턱과 이빨을 지녔어요. 하지만 기후 위기는 티라노사우루스만큼 두렵지 않아요. 세계 곳곳에서 폭염과 혹한, 가뭄과 홍수, 산불 등 이상 기후 현상이 일어나고 있지만 무섭다는 생각은 들지 않아요. 추우면 보일러를 돌리고, 더우면 에어컨을 켜고, 물은 언제나 잘 나오고, 옷과 음식은 인터넷으로 주문하면 되니까요. 이상 기후 속에서도 우리는 변함없이 친구들과 학교에 잘 다니고 있어요. 만약 티라노사우루스가 학교 운동장에 나타나 쿵쾅거리며 2층 교실 창문을 향해 달려든다면 그때는 정말 무섭겠지만, 일단은 안심이에요. 티라노사우루스는 멸종했으니까요.

티라노사우루스는 중생대[2억 5100만 년~6600만 년 전]가 끝나 갈 무렵에 대멸종과 함께 사라졌어요. 대멸종은 대부분의 지구 생명체를 멸종시킨 사건을 말해요. 지금까지 다섯 번 있었는데 가장 최근의 대멸종은 6600만 년 전 지름 10킬로미터의 소행성이 멕시코 유카탄 반도에 떨어지면서 시작되었어요. 소행성의 충돌로 막대한 양의 분출물이 하늘로 치솟았어요. 바위가 녹고 숲과 들이 불타며 지구는 화염과 연기에 휩싸였어요. 엄청난 먼지구름이 하늘을 뒤덮어 햇빛을 가리자 지구 평균 기온이 수십 도 이상 떨어졌어요. 갑자기 겨울이 찾아오고 식물과 동물이 죽어 갔어요. 먹을 것이 사라진 지구에서 덩치 큰 공룡들이 굶어 죽고 최상위 포식자였던 티라노사우루스도 멸종의 길을 걸었어요. 이때의 대멸종은 무려 100만 년 이상 지속되었는데, 그 시간은 다섯 차례의 대멸종 중 가장 짧았다고 해요.

최근 지구는 급격한 기후 변화를 겪고 있어요. 지난 170년 동안 1.1도가 올랐어요. 그런데 온도가 오르고 기후가 변하는 것이 문제가 될까요? 기후가 변하는 것은 자연스러운 현상이에요. 심지어 기후 변화 속에서 생물은 멸종하고 또 진화해 왔어요. 기후 변화는 어떤 생물에게는 위기이지만 어떤 생물에겐 기회예요. 무시무시한 공룡이 멸종하면서 생겨난 생태계의 빈틈에서 포유류가 진화한 것도 기후 변화와 무관하지 않아요.

포유류는 공룡과 비슷한 시기에 출현했어요. 그런데 포유류는 공룡의 위세에 눌려 낮에 돌아다니지 못하고 밤에 숨어서 다녔어요. 오늘날의 쥐와 비슷하게 생겼을 것으로 추정되는 포유류의 조상들은 중생대 말기까지 야행성 동물로 숨죽이며 살아가야 했어요. 하지만 중생대 말기의 급격한 기후 변화는 공룡과 포유류의 운명을 갈라놓았어요. 거의 모든 공룡은 이 기후 변화에 적응하지 못해 멸종했지만, 포유류는 멋지게 적응해 지구의 새로운 지배자가 되었어요. 그런데 중생대 말기의 대멸종에서도 살아남은 포유류가 과연 이 정도의 기후 변화를 견디지 못할까요? 과학자들의 걱정이 지나친 것은 아닐까요?

사실 기후 변화의 문제는 기후 자체에 있지 않아요. 문제는 기후가 변하는 속도예요. 온도가 올라가는 속도가 너무 빨라요. 인류가 농사를 짓고 정착할 수 있었던 이유는 지구가 따뜻해졌기 때문이에요. 빙하기가 끝나면서 찾아온 간빙기에 지구 온도가 4도가 올랐는데 이때 걸린 시간이 1만 년이에요. 그런데 지금은 1.1도가 오르는 데 170년밖에 안 걸렸어요. 대충 계산해도 10배 이상 빨라요.

우리 인류호모 사피엔스는 30만 년 전에 인류의 조상들로부터 갈라져 나왔어요. 호모 사피엔스는 이렇게 빠르게 변하는 기후 속에서 생존해 본 적이 없어요. 지난 수백만 년을 돌이켜 봐도 이런 기후 변화는 처음이에요. 지금의 지구 온난화, 기후 변화를 기후 위기라고 부르는 것은 과학자들의 지나친 걱정이나 엄살이 아니에요.

변하고 있는 기후 환경에서 살아남으려면 적응할 시간이 필요해요. 특히 생존이 걸린 진화에는 오랜 시간이 걸려요. 과거에 공룡에게 주어진 시간은 100만 년이 넘었어요. 그럼에도 거의 모든 공룡이 멸종하고, 깃털이 달린 조류형 공룡만이 살아남아 오늘날 새bird로 진화했어요. 반면에, 인류에게 주어진 시간은 고작해야 수십 년이에요. 아무리 길게 잡아도 수백 년이에요. 더워지는 지구에 맞춰 진화하는 것은 말할 것도 없고, 기후 변화에 적응하기에도 시간이 너무 부족해요. 지구 생태계도 마찬가지예요. 기후 위기로 모든 생물이 멸종하고 생태계가 사라지는 것은 아니지만, 멸종과 함께 먹이사슬이 끊어지면서 생명의 그물이 망가지는 것은 막을 수 없어요. 균형이 깨진 생태계는 급속도로 황폐화될 수밖에 없어요.

인류는 지금까지 자연에 기대어 살아왔어요. 화성으로 우주선을 띄우고 티라노사우르스를 순식간에 제압할 수 있는 생물학적, 군사과학적 기술을 갖게 되었지만, 인류는 생태계 없이는 아무것도 할 수 없어요. 야생동물이 살아갈 수 없는 지구 환경에서는 가축도 살아남기 힘들어요. 인공적으로 고기를 만들 수 있어도 인공육에 들어가는 원재료는 자연 생태계의 힘을 빌려야 해요. 영화 〈인터스텔라〉를 보면 모든 작물이 멸종하고 옥수수만 간신히 살아남은 황량한 들판이 나와요. 생물 다양성이 사라진 황폐화된 생태계란 이런 거예요.

과학자들은 2030년대 안에 지구 평균 기온이 산업혁명 이전보다 1.5도가 오를 거라고 해요. 지금 1.1도 오른 것만으로도 폭염의 횟수와 규모가 커졌는데 1.5도가 오르면 어떻게 될까요. 2021년 여름만 해도 지구 곳곳에서 50도까지 치솟은 최악의 폭염으로 수백 명이 죽었어요.

기후 문제를 다루는 세계 최고의 전문가 그룹인 기후 변화에 관한 정부 간 협의체IPCC는 2100년이 되기 전에 3도가 오를 거라고 예측했어요. 수백 년 안에 5도가 오를 거라는 전망도 있어요. 만약 5도가 오른다면 여섯 번째 대멸종이 시작될 거예요. 그렇게 되면, 극단적인 기후 현상으로 도시와 농장, 숲과 바다를 포함한 지구 생태계가 크게 변할 거예요. 북극과 남극의 얼음이 남아나지 않고 거의 모든 도시는 거주 불능 지역이 될 거예요. 기후 위기야말로 진정한 두려움이에요.

7장
미래 세대에게 빌린 에너지

지구 생태용량 **초과의 날**

영화 〈인터스텔라〉에서 주인공은 인류가 거주할 수 있는 행성을 찾아 우주로 떠났어요. 사실상의 거주 불능 상태에 빠진 지구를 탈출한 거예요. 늘 잊고 지내지만 우리는 지구 생명체예요. 지구를 벗어나 살아갈 수도 없지만, 지구 안에 해답이 있다는 것도 늘 잊고 지내요. 지구가 허용하는 범위 안에서 살아간다면, 지구가 거주 불능 행성이 될 이유도 없어요.

'지구 생태용량 초과의 날'이 있어요. 그해에 인류가 소비하는 생태적 자원이, 지구가 재생하는 능력을 초과하는 시점을 말해요. 예를 들어, 한 달에 20만 원씩 용돈을 받는 친구가 있다고 해 볼게요. 이 친구는 게임 아이템을 구입하는 데 돈을 펑펑 써요. 용돈은 금방 부족해지고 다음 달이 되기도 전에 바닥나요. 용돈이 떨어지자 다음 달 치 용돈을 끌어다 써요. 다음 달 치를 써 버린 뒤에는 다다음 달 치를 끌어오고, 다다음 달 치를 쓴 뒤에는 다다다음 달 치를 끌어와요. 용돈이 떨어지는 날은 점점 빨라져요.

여기서 용돈이 떨어진 날은 '지구 생태용량 초과의 날'과 비슷해요. 다시 말해, 지구 생태용량 초과의 날이란 매년 1월 1일에 80억 명에 달하는 우리 인류가 지구로부터 선물 받은 1년 치의 물과 공기, 나무와 물고기 등의 생태적 자원을 모두 소진한 날이에요. 우리는 이 선물을 12월 31일까지 아껴 써야 해요. 하지만 우리는 생태 자원을 몇 개월 만에 탕진해 버려요. 그러고는 내년에 써야 할 생태 자원을 끌어다 써요. 내년 것을 쓰고 나면 내후년 것을 꺼내다 쓰고, 내후년 것마저 다 쓰면 그다음 해의 것을 끌어다 써요.

지구는 화수분재물이 끊임없이 샘솟는 보물단지이 아니에요. 생태 자원이 무한하지 않아요. 허투루 쓰면 금세 바닥날 거예요. 용천수로 예를 들어 볼게요. 용천수는 제주도 바닷가의 샘물이에요. 한라산 중턱에 내린 빗물이 땅속에 스며들어 깨끗하게 걸러진 후 지하수로 고여 있다가 바닷가 틈새로 솟아오르는데 이걸 용천수라고 불러요. 이 지하수를 담아 판매하는 것이 우리가 가게에서 볼 수 있는 생수 제품이에요.

최근 이 생수의 판매량뿐 아니라 제주도 전체의 물 이용량이 크게 증가하고 있어요. 지하수를 뽑아 올리기 위해 뚫은 구멍이 수천 개가 넘는다고 해요. 용천수는 화수분이 아니에요. 한라산에 내리는 빗물이 지하수가 되고 용천수가 되어 나오기까지 짧게는 2년 길게는 18년이 걸린다고 해요. 빗물이 지하수를 채우는 양보다 꺼내 쓰는 양이 많으면, 용천수는 말라 버리고 우리가 즐겨 마시는 생수도 결국에는 사라질 거예요.

지구도 마찬가지예요. 1970년에 지구 생태용량 초과의 날은 12월 30일이었는데, 2021년에는 7월 29일로 날짜가 크게 앞당겨졌어요. 1970년에는 지구 생태 자원을 1년 동안 소비했지만 2021년에는 약 7개월 만에 모두 소비한 거예요. 인류가 지금과 같은 생활 방식을 유지하려면, 지구는 1.7배 커져야 해요. 특히 우리나라는 다른 나라보다 생태 자원을 소비하는 속도가 훨씬 빨라요. 만약 전 세계인이 우리나라 사람처럼 살아간다면, 지구 생태용량 초과의 날은 4월 5일이 될 것이고, 지구는 3.8배나 커져야 해요. 1년치 생태 자원을 3개월 만에 소진하고 나면, 나머지 9개월은 미래 세대에 빚을 져야 해요.

지금의 10대가 미래에도 살아가려면 우리의 생활 수준을 지구 생태용량에 맞춰야 해요. 즉 생태발자국을 줄여야 해요. 생태발자국ecological footprint이란 눈 위를 걸으면 발자국이 남는 것처럼, 인류가 살아가면서 자연에 남기는 발자국이에요. 인류에게 필요한 물질과 에너지를 재생하고 폐기물을 처리하는 데 드는 비용을 토지 면적으로 나타낸 거예요. 인류의 생태발자국이 지구 생태용량을 초과하는 시점, 그날이 지구 생태용량 초과의 날이에요.

생태발자국처럼 지구 환경에 남기는 또 하나의 발자국이 있어요. 탄소발자국이에요. 탄소발자국carbon footprint이란 개인이나 기업, 국가 등이 어떤 상품이나 서비스를 생산하고 유통, 소비, 폐기하는 과정에서 배출하는 탄소의 양을 말해요. 쉽게 말해, 인류가 살아가면서 자연에 배출하는 탄소의 양이에요. 1960년에 우리나라의 1인당 탄소발자국은 0.5톤이었으나 2021년에는 12톤으로 24배 증가했어요. 탄소발자국이 크다는 것은 기후 위기를 악화시키는 온실가스를 더 많이 배출한다는 뜻이에요. 그래서 탄소발자국을 줄이는 것은 기후 위기 해결에 무엇보다 중요해요.

탄소중립과 기후 변화의 **티핑포인트**

탄소중립이라는 말을 들어 본 적이 있나요? 탄소중립이란 탄소의 배출과 흡수가 균형을 이룬 상태예요. 예를 들어, 자동차가 탄소를 배출해도 이것을 바다와 숲이 흡수한다면, 결과적으로 순 배출량은 0제로가 돼요. IPCC가 제시한 탄소중립의 목표는 적어도 2050년까지 대기 중에 이산화탄소 순 배출량을 0제로로 만드는 거예요. 탄소중립과 비슷한 개념인 넷-제로Net-Zero는 온실가스의 배출과 흡수가 균형을 이룬 상태를 말해요. 온실가스가 이산화탄소를 포함하기 때문에 넷-제로는 탄소중립보다 높은 개념으로 볼 수 있어요.

탄소중립의 핵심은 배출된 탄소를 흡수하는 데에 있지 않아요. 오히려 배출 자체를 줄이는 데에 있어요. 바다와 숲, 갯벌 등 자연 생태계가 흡수하는 탄소의 양은 전체 배출량의 54퍼센트에 불과하기 때문이에요. 한번 배출된 온실가스는 자연 생태계에 바로 흡수되지 않아요. 자연 생태계가 탄소를 흡수하는 데 한계가 있다는 거예요. 더욱이 온실가스는 공기 중에 오랫동안 머물며 온실 효과를 일으켜요. 특히 이산화탄소는 공기 중에 짧게는 수십 년, 길게는 수백 년 이상 머물 수 있어요. 처음부터 배출 자체를 막지 않으면 최악의 경우 수백 년 이상 온실 효과를 일으킬 수 있어요.

티핑포인트라는 용어가 있어요. 물이 99도에서는 끓지 않다가 1도만 올라도 끓는 것처럼 티핑포인트란 변화의 결정적인 순간을 의미해요. 이를테면 비행기의 티핑포인트는 이륙한 곳으로 다시 돌아갈 수 없는 지점이에요. 이미 연료의 반 이상을 썼다면 되돌아갈 수 없어요.

기후 변화의 티핑포인트는 계속되는 지구 온난화로 지구가 이전 상태로 돌아갈 수 없는 지점이에요. 지구의 평균 기온은 산업혁명 이전보다 1.1도가 상승했어요. 지난 100여 년이 넘는 동안 누적된 탄소의 양은 1조 톤이 넘어요. 최근 수십 년 동안 인류는 그 어느 때보다 많은 탄소를 배출하고 있어요. 2021년 한 해만 해도

360억 톤 이상을 배출했어요. 그런데 지금의 1.1도 상승은 최근에 배출된 탄소의 직접적인 효과가 아니에요. 적어도 100여 년 전에 배출된 탄소의 영향을 받은 거예요. 그렇기 때문에 지금부터 탄소를 배출하지 않아도 대기 중에 누적된 탄소가 앞으로도 수십 년, 수백 년 동안 지구 온난화를 일으킬 거예요.

과학자들은 지구 평균 기온의 1.5도 상승을 티핑포인트로 보고 있어요. 티핑포인트에 도달하면 더 이상 탄소를 배출하지 않아도 누적된 탄소가 일으키는 온실 효과 때문에 기온은 낮아지지 않고 계속 올라가요. 티핑포인트를 넘긴 비행기가 이륙한 지점으로 되돌아갈 수 없듯이 우리는 과거로 돌아갈 수 없어요. 그대로 기후위기가 불러온 수많은 재난을 온몸으로 겪으며 살아갈 수밖에 없어요. 만약 산업혁명 이전보다 세계 평균 기온이 1.5도가 오른다면 2도가 오르는 것은 시간문제로 보고 있어요. 2도 상승하면 3도에 도달하는 것도 금방일 거예요. 1.5도 상승을 막을 시간이 앞으로 10년도 남지 않았어요. 탄소중립을 앞당겨 달성해야 하는 이유가 여기에 있어요.

재생 에너지에 대한 **오해**

어떤 사람들은 우리나라의 재생 에너지의 보급 속도가 너무 빠르다며 속도 조절이 필요하다는 주장을 해요. 최근 몇 년간 재생 에너지 확대 정책을 펼친 것은 사실이에요. 그런데 우리나라 재생 에너지의 보급 속도가 정말 빠른 걸까요?

영국의 기후 에너지 싱크 탱크 엠버EMBER가 발표한 자료에 따르면, 2021년 우리나라가 태양광과 풍력만으로 생산한 에너지가 전체 전력에서 차지하는 비중은 4.7퍼센트였어요. 다른 나라를 보면, 덴마크는 51.8퍼센트였고 독일이 28.8퍼센트, 영국은 25.2퍼센트였어요. 중국은 11.2퍼센트, 베트남이 10.7퍼센트, 일본이

10.2퍼센트로 모두 우리나라보다 높았어요. 세계 평균은 10.3퍼센트였어요. 이처럼 우리나라의 태양광과 풍력의 발전 비중은 다른 나라와 비교해도 매우 낮은 편이에요.

우리나라는 2030년까지 탄소 배출량을 2018년 기준으로 40퍼센트를 줄이겠다고 국제 사회에 약속한 바 있어요. 더욱이 2050년까지 탄소중립을 달성해야 해요. 이 목표들은 지금의 재생 에너지 보급 속도로는 도저히 실현 불가능해요.

재생 에너지의 보급 속도를 늦춰야 한다는 주장의 밑바탕에는, 재생 에너지의 확대가 전기 요금을 끌어올린다는 반쪽짜리 진실이 숨어 있어요. 재생 에너지에 대한 시설 투자 비용이 전기 요금 상승의 원인이 되는 것은 사실이에요. 에너지 전환에는 당연히 비용이 들어가요. 또 재생 에너지의 비중이 높으면, 날이 흐리거나 바람이 약할 때 전력 생산량이 줄어 전기 요금 인상의 요인이 되는 것도 맞아요.

하지만 재생 에너지를 설치하고 운영하는 비용이 새로운 화력 발전소를 짓고 가동하는 것보다 훨씬 저렴한 것도 사실이에요. 환경과 미래 세대에 미치는 영향까지 고려한다면, 재생 에너지는 핵 발전보다 안전하고 비용도 적게 들어요. 이런 설명 없이 무작정 재생 에너지의 확대가 전기 요금을 상승시킨다고 주장하는 것은

▶ 러시아가 우크라이나를 침공한 이후 우크라이나 수도 키예프에서 관측된 폭발 장면.

재생 에너지의 확대 보급을 막으려는 의도로밖에 보이지 않아요.

그런데 전기 요금에 영향을 주는 것은 재생 에너지만이 아니에요. 석유와 석탄, 천연가스, 우라늄 등 연료도 전기 요금에 영향을 미쳐요. 예를 들어, 2021년 가을부터 러시아가 우크라이나를 침공할지 모른다는 소식이 들리자 천연가스 가격은 솟구치고 유럽의 전기 요금은 폭등했어요. 이것은 재생 에너지 비중이 높기 때문에 벌어진 일이 아니에요. 화력 발전소의 연료인 천연가스의 가격이 올랐기 때문이에요.

재생 에너지는 에너지 자립이라는 측면에서도 긍정적이에요.

재생 에너지로 전력의 100퍼센트를 생산할 수 있다면 굳이 외국에서 에너지를 수입하지 않아도 되기 때문이에요. 러시아의 우크라이나 침공으로 천연가스 공급이 불안해지고, 유럽의 에너지 안보가 크게 흔들린 경험은 재생 에너지로의 신속한 전환이 왜 중요한지를 깨닫게 하는 중요한 계기가 되었어요. 재생 에너지의 확대야말로 에너지 자립으로 가는 첫걸음이에요.

핵 발전이 **정말 가장 쌀까?**

핵 발전이 가장 저렴하다는 주장에 대해서도 살펴볼 부분이 있어요. 눈에 보이는 생산 비용만 가지고 비교하면 핵 발전이 가장 싼 것은 사실이에요. 현재 우리나라의 핵 발전 생산 비용은 태양광 발전보다 30퍼센트 이상 저렴해요. 한국자원경제학회가 2021년에 발표한 자료에 따르면, 태양광 발전의 생산 비용이 100.3원일 때 핵 발전은 67.8원이에요. 하지만 외부 비용까지 고려하면 핵 발전 생산 비용은 97.6원으로 껑충 뛰어요. 생산비에 환경 문제와 방사능 문제 등 눈에 보이지 않는 사회적 비용을 연결시켰더니 태양광 발전과 핵 발전의 격차가 사라진 거예요.

조만간 핵 발전이 가장 비싼 에너지가 될 거라는 전망도 있어요. 미국 에너지정보청EIA에 따르면, 2022년 미국의 균등화 발전 비용LCOE 예상치는 육상 풍력이 52.2달러, 태양광이 66.8달러일 때 핵 발전은 99.1달러였어요. 균등화 발전 비용이란, 발전 설비 건설부터 폐기까지 발생하는 모든 비용을 생산한 총전력량으로 나눈 값이에요. 시간이 흐를수록 핵 발전은 더욱 비싼 에너지가 될 거예요.

지금까지 핵 발전의 생산 비용이 저렴해 보였던 이유는 사회적 비용을 고려하지 않았기 때문이에요. 우리나라 핵 발전의 경우, 사고를 대비해 적립하는 보험료 부담을 덜어 주고 연료에 붙는 세금도 면제해 준다고 해요. 이런 눈에 보이지 않는 정부의 각종 보조금이 핵 발전으로 만든 전기가 가장 싼 것처럼 보이는 착시 현상을 일으키고 있어요.

재생 에너지는 에너지원이 태양과 바람이기 때문에 큰 사고가 일어나기 어렵지만, 핵 발전은 핵 에너지를 다루기 때문에 대형 사고로 번지기 쉬워요. 따라서 핵 발전이 안고 있는 위험성을 고려한 사회적 비용을 넣어 생산 비용을 계산하는 것이 마땅해요.

예를 들어, 2011년 3월 11일에 일어난 일본의 후쿠시마 핵 발전소 사고는 10여 년이 지났지만 아직도 수습이 끝나지 않았어요.

2012년에 일본 정부가 추정했던 사고 복구 비용은 50조 원이었지만, 5년 뒤엔 250조 원으로 다섯 배가 되었어요. 같은 해, 일본경제연구센터는 이보다 훨씬 많은 730조 원으로 추산했어요. 핵폐기물 처리 등 일본 정부가 빠뜨린 비용을 추가한 금액이에요. 2021년도 우리나라 정부의 1년 예산이 482조 원이었던 것을 생각하면 엄청난 액수가 아닐 수 없어요.

2018년도 한국전력의 보고서에 따르면, 후쿠시마 핵 발전소 사고가 우리나라에서 일어날 경우 그 피해액은 최대 5684조 원이 될 거라고 해요. 우리나라 정부의 10년 치 예산을 모두 써도 부족해요. 핵 발전소는 국가 재난급 사고의 위험성을 늘 안고 있기에 이런 위험 비용을 핵 발전 생산 비용에 추가해 계산하는 것이 합리적이에요. 핵 발전이 결코 저렴한 에너지가 될 수 없는 이유가 여기에 있어요.

소형 모듈 원자로는 **정말 안전하고 경제적일까?**

최근 핵 산업계는 소형 원자로를 적극 홍보하고 있어요. 소형 모듈 원자로SMR: Small modular Reactor란 기존 핵 발전소의 3분의 1에 해당하는 300메가와트급 이하의 전기를 생산하는 작은 핵 발전소를 말해요. 기존의 대형 핵 발전소를 바닷가나 강가에 설치한 후 멀리 떨어진 대도시에 전기를 공급한 것과 달리, 소형 모듈 원자로는 도시나 특정 지역 안에 설치해서 전기를 직접 공급하는 방식이에요. 쉽게 말해 지역 분산형이에요. 또 소형 모듈 원자로는 원자로와 냉각기 등 설비를 배관 없이 하나의 통 안에 넣어 일체화했기 때문에 안전하고 경제적이라고 해요.

일부 연구자는 소형 모듈 원자로가 폭발할 가능성은 직경 5킬로미터의 소행성이 지구에 충돌할 확률 정도로 매우 낮다며 소형 모듈 원자로의 안전성을 강조해요. 하지만 소형 모듈 원자로의 안전성이 입증된 적은 아직까지 없어요. 오히려 소형 모듈 원자로를 개발하던 몇몇 나라에서 크고 작은 폭발과 사고가 있었기 때문에 지금은 안전성 확보가 필요한 상황으로 볼 수 있어요. 물론 대형 핵 발전과 소형 모듈 원자로는 작동 방식에 차이가 있어 위험 요소도 달라요. 소형 모듈 원자로가 크기도 작고 일체형이라 덜 위험할 수 있어요. 하지만 핵 에너지가 다른 에너지보다 위험하다는 사실에는 변함이 없어요. 미래 에너지 자원의 확보라는 차원에서 연구개발의 필요성을 찾을 수 있겠지만, 안전성에 대한 과도한 확신은 경계해야 해요.

소형 모듈 원자로가 작기 때문에 비용이 적게 든다는 주장도 따져 봐야 해요. 소형 모듈 원자로는 크기가 작은 만큼 발전 용량도 작아요. 문제는 발전 용량이 작으면 경제성도 떨어진다는 거예요. 소형 원자로 사업이 경제성을 확보하려면 공장에서 수십 대 이상을 일괄 생산하고 조립해서 '규모의 경제'를 실현시켜야 해요. 하지만 이런 방식으로 건설 비용을 절약한다고 해도 수십 대의 소형 모듈 원자로를 설치할 마땅한 장소가 없어요. 마을 뒷산에 풍력 발전기를 놓으려 해도 수용 여부를 놓고 주민의 찬반 의견이 날카롭게 갈리는데, 소형 모듈 원자로를 찬성할 주민이 얼마나 있을지 의문이에요. 극단적인 예로, 여의도나 한강 둔치를 포함해서 서울 곳곳에 소형 모듈 원자로를 설치한다고 하면 적어도 수백만 명의 서울 주민을 설득해야 할 거예요. 소형 모듈 원자로를 우리나라 안에 설치할 수 없는 이유예요.

지금까지 밝혀진 바로는 소형 모듈 원자로의 안전성과 경제성은 확실하게 검증되지 않은 것으로 보여요. 소형 모듈 원자로의 기술 수준은 이제 실험실에서 걸음마를 떼는 단계예요. 그렇기 때문에 소형 모듈 원자로를 상용화해서 가동시키고 있는 곳은 전 세계 어디에도 없어요. 넘어야 할 산이 많은 것이 소형 모듈 원자로 사업이에요.

'원전 강국'에서 **'재생 에너지 강국'으로**

어떤 사람들은 핵 발전 비중을 늘려 탄소중립을 달성하자는 주장을 해요. 덧붙여서, 탄소를 적게 배출하는 핵 발전이야말로 친환경 에너지라는 주장도 들려요. 과연 핵 발전은 친환경적이고 탄소중립을 달성하는 데 필요한 에너지일까요?

우선 핵 발전소는 핵이 분열되면서 나오는 열에너지를 이용하기 때문에 전기를 생산하는 동안 탄소를 적게 배출하는 것은 사실이에요. 하지만 핵 발전의 연료로 쓰이는 우라늄을 채굴하고 농축하는 동안에는 많은 탄소가 배출돼요. 또 핵 발전소를 건설하고 운영, 폐기하는 과정에서도 대량의 탄소가 배출돼요. 이렇게 핵 발전소가 전기를 생산하는 전 과정을 따져 보면, 핵 발전으로 배출되는 탄소량은 재생 에너지보다 많고, 화력 발전보다는 적어요. 따라서 핵 발전이 친환경 에너지라는 주장은, 탄소 배출량이라는 조건 딱 하나만 놓고 봤을 때, 틀린 말은 아니지만 그렇다고 맞는 말도 아니에요.

환경을 고려하면 핵 발전은 친환경 에너지가 아니에요. 우라늄을 생산하는 과정에서 광산 주변의 환경을 파괴하고, 방사능 오염을 일으키고, 이곳에서 생계를 이어 가는 원주민에게는 건강 문제를 남겨요. 또한 핵 발전소에서 나오는 핵폐기물도 문제예요. 지금 우리나라의 핵 발전소 부지 안에는 처리하지 못한 핵폐기물이 쌓여만 가고 있어요. 핵 발전소가 '화장실 없는 아파트'라는 말은 그냥 하는 우스갯소리가 아니에요. 일본 정부는 후쿠시마 핵 발전소 사고를 수습하는 과정에서 나온 130만 톤의 방사능 오염수를 기술적으로 처리할 수 없어 결국 2023년부터 30년에 걸쳐 태평양 바다에 버리기로 했어요. 바다는 하나로 이어져 있어요. 태평양 바다에 버린 방사능 오염수는 언젠가 제주 앞바다를 지나 부산과 인천에 도달할 거예요.

핵 발전 없이 탄소중립도 없다는 주장은 무책임한 말이에요. 핵 발전은 탄소를 적게 배출하는 저탄소 에너지원일 뿐, 친환경 에너지는 아니에요. 가능하지도 않지만, 핵 발전의 비중을 높여 탄소중립을 달성한다고 해도, 핵폐기물을 영구히 남기면 그게 무슨 소용이 있을까요? 위험을 또 다른 위험으로 막는 것은 아닐까요? 생각해 보면, 우리가 달성하려는 탄소중립은 수단과 방법을 가리지 않고 탄소의 순 배출량을 0제로로 만들기만 하면 되는 게 아니에요. 미래 세대에게 빌려온 지구 생태계를 미래 세대가 안전하게 살아갈 수 있도록 되돌려주는 것이 탄소중립의 진정한 목적이에요.

2022년 1월 유럽연합은 핵 발전을 친환경으로 분류되는 녹색에너지에 포함시켰어요. 우리나라 핵 산업계는 반가움을 표시했어요. 하지만 유럽연합은 핵 발전을 녹색 에너지로 분류하는 대신 강력한 기준을 마련했어요. 예를 들어 핵 발전소를 새로 지으려면, 2050년까지 고준위 방사성 폐기물 처분장을 확보해야 한다고 규정했어요. 고준위 방사성 폐기물은 방사능이 짧게는 수백 년, 길게는 10만 년 동안 사라지지 않아요. 인류는 이것을 처리하거나 보관할 기술을 갖고 있지 않아요. 그저 지진이 일어나지 않는 땅속 깊은 곳에 안전하게 묻어 두는 것이 유일한 방법이에요.

그런데 처분장을 확보한 나라는 전 세계에서 핀란드와 스웨덴뿐이에요. 핀란드는 처분장 부지를 확보하고 건설하는 데 40년이

▶ 월성 핵 발전소 전경.

걸렸어요. 스웨덴 역시 50년이 걸렸어요. 미국이나 러시아는 물론 프랑스와 독일 등은 처분장 부지를 찾지 못했어요. 처분장은 매우 안정된 지층에 건설해야 하기 때문에 국토가 넓다고 쉽게 찾을 수 있는 게 아니에요. 우리나라 역시 처분장 부지를 아직 선정하지 못했어요. 지금부터 열심히 찾는다고 해도 2050년 안에 처분장을 선정하고 건설한 뒤 승인까지 받는 것은 쉽지 않아요. 이 말은 유럽연합의 기준을 우리나라에 그대로 적용하면, 신규 핵 발전소를 짓는 것은 사실상 불가능하다는 거예요.

탄소중립 목표 달성에 있어, 우리는 이미 재생 에너지라는 현실적인 대안을 갖고 있어요. 실현시키기 어려운 꿈같은 기술이 아니라 지금도 현장에서 적용하고 있는 기술이에요. 더군다나 시간이 흐를수록 비용은 내려가고 성능은 좋아지고 있어요. 더 이상 지구 생태계에 방사능 오염을 남기는 핵 발전에 미련을 가질 필요가 없어요. 미래 세대에게 빌려온 대자연을 방사능에 오염시켜 돌려줄 수는 없어요.

현재 우리나라 정부는 '원전원자력 발전 최강국 도약'을 목표로 원자력 산업 육성에 온 힘을 기울이고 있어요. 하지만 우리나라는 이미 24기의 원자로를 가동시키고 있는 세계 6위의 원자력 강국이에요. 우리나라의 핵 발전 규모는 23기가와트에 달하고 전체 전력 생산에서 차지하는 비중은 29퍼센트가 넘어요.

2022년 4월에 독일 정부는 2035년이 되기 전까지, 소비하는 전력의 100퍼센트를 재생 에너지로 충당한다는 법안을 발표했어요. 독일은 오래전부터 '재생 에너지 강국'이에요. 가까운 미래에, 우리나라도 '재생 에너지 강국'이 되어 미래 세대가 우리나라를 자랑스러워했으면 좋겠어요.

참고 도서

『런던의 역사』 A. N. 윌슨 지음, 윤철희 옮김 | 을유문화사 | 2014
『사이언스 브런치』 이종필 | 글항아리 | 2017
『사피엔스』 유발 하라리 지음, 조현욱 옮김 | 김영사 | 2015
『산업혁명으로 세계사를 읽다』 김명자 | 까치 | 2019
『석탄아틀라스』 하인리히 뵐 재단·분트·독일환경과자연보호연맹 지음, 움벨트 외 옮김, 작은 것이 아름답다(기획) | 작은것이아름답다 | 2021
『아메리칸 프로메테우스-로버트 오펜하이머 평전』 카이 버드·마틴 셔윈 지음, 최형섭 옮김 | 사이언스북스 | 2010
『에너지로 바꾸는 세상』 임춘택 외 | 한국에너지정보문화재단 | 2019
『옥스퍼드 세계사』 펠리페 페르난데스아르메스토 외 지음, 이재만 옮김 | 교유서가 | 2020
『육천 년 빵의 역사』 하인리히 에두아르트 야콥 지음, 곽명단·임지원 옮김 | 우물이있는집 | 2019
『잃어버린 후쿠시마의 봄』 정남구 | 시대의창 | 2012
『종전의 설계자들』 하세가와 쓰요시 지음, 한승동 옮김 | 메디치미디어 | 2019
『태평양 이야기』 사이먼 윈체스터 지음, 김한슬기 옮김 | 21세기북스 | 2017
『황금의 샘』 대니얼 예긴 지음, 김태유·허은녕 옮김 | 라의 눈 | 2017

사진 출처

대한민국역사박물관 현대사 아카이브: 233쪽
몰디브 정부: 203쪽
미국 항공우주국: 181쪽
우크라이나 대통령궁: 222쪽
옹진군: 122쪽
위키백과: 16쪽, 48쪽, 52쪽, 70쪽, 77쪽, 82쪽, 88쪽, 99쪽, 108쪽, 113쪽
이상수: 153쪽, 157쪽, 178쪽